Thomas Schiffer

KLEINE
RÖMERKUNDE

↑ *Das Mausoleum Hadrians, die heutige Engelsburg in Rom, Rekonstruktion*

Abbildungen Cover:

Bildleiste oben 4 Bilder: links: Skulptur (wikimedia commons, Roma12); zweites von links: Münzen (fotolia BN 31332479); drittes von links: Aquädukt (fotolia BN 49195358); rechts: Gaius Iulius Caesar (wikimedia commons, Kunsthistorisches Museum, Wien)

Großes Bild Vordergrund: Kolosseum, Rom (fotolia BN 53455687)

Großes Bild Hintergrund: Braun & Schneider's Historic Costume (Dover Bildarchiv)

Thomas Schiffer, Kleine Römerkunde

Layout und Satz, Andreas Paqué, www.paque.de

Einbandgestaltung: Derek Gotzen für agilmedien, Niederkassel

Printed in Poland 2014

ISBN: 978-3-95540-112-2

www.regionalia-verlag.de

INHALT

EINLEITUNG

Die Geschichte des Römischen Reiches – sein Aufstieg und Niedergang – erscheint uns heute beeindruckend und dramatisch. Wir alle kennen Spielfilme und Fernsehdokumentationen, die Ereignisse aus der römischen Geschichte zum Thema haben. Was haben wir nicht alles vor Augen, wenn wir uns durch die Jahrtausende in die Glanzzeit des Römischen Reiches zurückdenken. Wir sehen prachtvolle Bauten, wie Amphitheater oder Aquädukte, und den unbeschreiblichen Luxus der römischen Oberschicht. Aber auch blutige Gladiatorenkämpfe, Schlachten und Kriege oder die grausame Verfolgung der Christen.

Die Anfänge der römischen Geschichte sind kaum bekannt, da es an Quellen und archäologischen Zeugnissen fehlt. Die einzigen Zeugen sind die römischen Geschichtsschreiber selbst, deren Schilderungen aber mit Vorsicht zu genießen sind. Viele Geschichten aus den Anfängen Roms sind nicht mehr als Sagen und Legenden, die allerdings auch heute noch vielen Menschen bekannt sind. Jeder Schüler kennt zumindest in Grundzügen die Geschichte von Romulus und Remus, die von der Wölfin gesäugt wurden, oder die schnatternden Gänse, die Rom vor der vollständigen Eroberung durch die Kelten bewahrten. In diesen Beschreibungen zeigt sich aber das Beeindruckende und Spannende der römischen Geschichte. Häufig stand das Reich kurz vor dem Untergang, sei es, als die Kelten Rom eroberten oder der karthagische Feldherr Hannibal mit seiner Armee die Alpen überschritt, um Rom in seine Schranken zu weisen.

Die Gründung Roms erfolgte der Sage nach im Jahr 753 v. Chr. Die Gründung der Stadt geschah an einer Stelle, die verschiedene Vor- und Nachteile mit sich brachte. Rom entstand auf „sieben Hügeln", inmitten waldreicher Anhöhen. Das sumpfige Gelände dazwischen eignete sich zunächst nicht für eine Besiedlung. Der Tiber, an dem die Stadt Rom lag, bot Möglichkeiten des Handels und des Transportes. Die Schiffe aus dem Mittelmeerraum, die ihre Waren nach Rom brachten, konnten sie bis in die Stadt transportieren, ohne umladen zu müssen. Schließlich ermöglichten die klimatischen Verhältnisse in Rom den Anbau von Wein und Oliven.

Der rasante Aufstieg Roms ist beeindruckend. Innerhalb weniger Jahrhunderte expandierte der kleine Stadtstaat am Tiber zu einem imposanten Reich, das von

Großbritannien bis nach Afrika und von Spanien bis nach Kleinasien reichte und von über 50 Millionen Menschen bewohnt war. Innerhalb dieses Reiches existierten über 1.000 Städte, die zu einem großen Teil weit entwickelt waren. Sie verfügten über ein dichtes Straßennetz, eine Wasserversorgung sowie zahlreiche öffentliche Bauten wie Theater oder öffentliche Bäder. Alles in allem ließ es sich in diesen Städten gut leben. Die technischen und kulturellen Leistungen der Römer waren beachtlich. Alle römischen Städte wurden durch ein dichtes Straßennetz verbunden, das bis in die hintersten Winkel des Römischen Reiches führte.

Das Römische Reich durchlief verschiedene Krisen, von denen es sich aber immer wieder erholte. Im 4. Jahrhundert n. Chr. war der Druck auf die Grenzen des Reiches dann aber so stark geworden, dass es für einen König im Grunde nicht mehr zu regieren war. Als Folge kam es im Jahr 395 n. Chr. zur Teilung des Reiches in ein Weströmisches und Oströmisches Reich. Während das Letztere noch einige Jahrhunderte überdauerte, kam das Ende des Weströmischen Reiches schnell. Schon lange wird darüber diskutiert, ob in diesem Zusammenhang von Niedergang, Untergang oder lediglich einer Transformation gesprochen werden kann. Auch sind die Gründe für den Niedergang des Römischen Reiches bis heute umstritten. Von einem wirtschaftlichen Verfall kann wohl nicht gesprochen werden, da die Wirtschaft auch in der Spätantike vielerorts in einem guten Zustand war. Allerdings kam es regional zu einer Verringerung der Wirtschaftskraft und einer Abnahme der Bevölkerung. Problematisch waren dagegen die inneren Auseinandersetzungen und Bürgerkriege, die viele Zehntausend Soldaten das Leben kosteten und das römische Militärpotenzial deutlich schwächten. Hinzu kamen Rüstungsfortschritte der Germanen und anderer Gruppen, die die ehemalige militärische Überlegenheit der Römer allmählich nivellierten. Als Folge war die römische Armee nicht mehr in der Lage, die Außengrenzen des Reiches wirksam zu schützen. Aufgrund finanzieller Schwierigkeiten wurden zudem vielfach nichtrömische Söldner in die Armee aufgenommen.

In der Endzeit des Weströmischen Reiches verlor der Kaiser mehr und mehr an Bedeutung und unterlag zunehmend der Kontrolle durch Heermeister wie beispielsweise Flavius Aëtius, der die römische Herrschaft über Gallien und Katalonien noch lange sicherte. Seine Ermordung im Jahr 454 n. Chr. markierte dann auch einen wichtigen Einschnitt in der Endphase des römischen Reiches. Dessen Geschichte endete dann im Jahr 476 n. Chr. und die germanischen Truppen auf seinem Territorium übernahmen die Verwaltung ihrer Gebiete selbst.

Die Rekonstruktion der römischen Geschichte geschieht durch die Auswertung von Quellen, die häufig nur bruchstückhaft überliefert sind. So wird Geschichte häufig zu einer spannenden Detektivarbeit. Wie sieht die Quellenlage im Hinblick auf die römische Geschichte aus? Sichtbare Quellen derselben sind die archäologischen Zeugnisse, die von einer Tonscherbe bis zu römischen Bauwerken wie Aquädukten, Amphitheatern oder Tempelanlagen reichen. In Rom haben zahlreiche solcher Zeugnisse die Jahrhunderte überdauert und in den ehemaligen römischen Städten bringt jede Baumaßnahme weitere archäologische Überbleibsel zu Tage. Eine weitere Quelle römischer Geschichte sind die bereits zu Anfang erwähnten römischen Geschichtsschreiber wie Marcus Porcius Cato oder Titus Livius. Letzterer hat im Laufe seines Lebens 142 Bücher zur Geschichte Roms von der Gründung bis in die Regierungszeit Kaiser Augustus' geschrieben. Etwa ein Viertel seiner Schriften ist erhalten. Obwohl die Schriften der römischen Geschichtsschreiber kritisch zu betrachten sind und häufig das subjektive, von persönlichen Interessen geprägte Bild ihres Verfassers wiedergeben, gehören sie doch zu den wichtigsten Quellen römischer Geschichte.

Das vorliegende Buch besteht aus drei Teilen. Im ersten Teil wird die Geschichte des Römischen Reiches von der Stadtgründung Roms bis zum Untergang des Reiches dargestellt. Den Schwerpunkt der Darstellung bilden dabei die Zeit der römischen Republik sowie die Zeit des Prinzipats und des Kaiserreiches. Im zweiten Teil werden der römische Staat und die römische Gesellschaft mit ihren Institutionen und Besonderheiten überblickartig vorgestellt. Dazu gehören die Magistrate, das Rechtssystem und das Militär. Neben der römischen Wirtschaft werden Wissenschaft und Technik sowie das künstlerische und kulturelle Leben im Römischen Reich vorgestellt. Es versteht sich von selbst, dass dies aufgrund der Fülle der römischen Geschichte und des vorgegebenen Umfangs dieses Buches häufig nur ansatzweise geschehen kann. Der Anhang mit seinen Registern und dem Literaturverzeichnis rundet das Ganze ab.

In diesem Zusammenhang soll auch noch kurz auf die über 100 Illustrationen des Buches eingegangen werden, die zum größten Teil erstmals in einem Buch der neueren Zeit veröffentlicht sind. Es handelt sich dabei um Illustrationen aus bedeutenden Büchern zur römischen Geschichte aus dem 19. und frühen 20. Jahrhundert. Diese zeigen insbesondere die historischen Bauwerke Roms in einem Zustand, der für uns heute nicht mehr sichtbar ist. Dabei wird deutlich, dass die Zeugnisse der römischen Geschichte, die die Jahrtausende überstanden haben, einem beständigen Verfall preisgegeben sind. Es ist daher unsere Aufgabe, alle Anstrengungen zu unternehmen, um sie für die kommenden Generationen zu bewahren.

Buchseite aus „Hellas und Rom" von Jakob von Falke aus dem Jahr 1879   →

HELLAS und ROM

EINE CULTURGESCHICHTE
DES CLASSISCHEN ALTERTHUMS

VON
IAKOB von FALKE

VERL. VON W. SPEMANN. STUTTGART.

F. Thiersch del.

DIE ANFÄNGE

Frühe Hinweise

Die Anfänge der Stadt Rom und des Römischen Reiches liegen bis heute weitgehend im Dunkeln. Neben einigen wenigen erhaltenen archäologischen Zeugnissen sind es vor allem verschiedene Mythen, die uns Hinweise auf die Gründung der Stadt Rom geben. Diese wurden über Generationen immer wieder innerhalb der römischen Gesellschaft erzählt und schließlich von römischen Schriftstellern und Geschichtsschreibern, wie beispielsweise Livius oder Dionysios von Halikarnassos, überliefert. So geben uns diese Mythen heute eine anschauliche und spannende Beschreibung vergangener Ereignisse und besitzen neben allen Ausschmückungen und Erfindungen häufig einen wahren Kern. Allerdings müssen sie mit großer Vorsicht betrachtet werden, was auch schon von zeitgenössischen Geschichtsschreibern angemerkt wurde. Daher ist es die Aufgabe der heutigen Historiker, den wahren historischen Gehalt der römischen Mythen zu bestimmen, um dadurch wichtige Anhaltspunkte oder Informationen zu erhalten. Im Folgenden soll nun kurz auf den Gründungsmythos der Stadt Rom eingegangen werden.

Nach der römischen Sage bestand eine Verbindung zwischen der Gründung Roms und dem Untergang Trojas. Nach der Niederlage der Trojaner gegen die Griechen soll Aeneas, der aus dem brennenden Troja entkommen war, nach einer langen Irrfahrt in Latium an Land gegangen sein. Dort gründete er der Sage nach die Stadt Lavinium. Aeneas entstammte einem trojanischen Adelsgeschlecht und gilt als Sohn der Göttin Aphrodite. Er ist der Stammvater der Römer. Sein Sohn Ascanius soll später die Stadt Alba Longa gegründet haben. Diese wurde die Hauptstadt Latiums und Sitz der Könige aus dem Hause Aeneas. Alba Longa ist darüber hinaus die Mutterstadt Roms. Aus dem Hause Aeneas stammte auch Rhea Silvia, die Mutter von Romulus und Remus, den Stadtgründern Roms.

Neben der oben geschilderten Sage, die in römischer Zeit allgemein bekannt war und zum Allgemeinwissen der römischen

Oberschicht gehörte, sind vor allem die Sagen von Romulus und Remus und vom Raub der Sabinerinnen für die Gründungszeit Roms von großer Bedeutung. Auf beide soll im Folgenden weiter eingegangen werden.

Romulus und Remus

Nach seiner Gründung entwickelte sich Alba Longa zu einer bedeutenden Stadt im antiken Latinum. Sie lag etwa 20 km südöstlich der später gegründeten Stadt Rom. Alba Longa ist der Ausgangspunkt der Sage von Romulus und Remus. Hier lebte Rhea Silvia, die wider ihren Willen die Mutter der beiden berühmten Zwillinge werde sollte.

Die Sage von Romulus und Remus beginnt mit dem Sturz von Numitor Silvius, dem König von Alba Longa, durch seinen Bruder Amulius Silvius. Nach seiner unrechtmäßigen Thronbesteigung zwang Letzterer Rhea Silvia, die Tochter seines Bruders, Vestalin zu werden – eine Priesterin der Göttin Vesta. Als Vestalin kamen nur Jungfrauen in Frage, die zu einem Leben in absoluter Keuschheit verpflichtet waren. Unkeuschheit wurde mit dem Tod bestraft. Amulius Silvius wollte sicherstellen, dass keine Nachkommen aus der Linie seines Bruders geboren wurden, die ihm seine Herrschaft hätten streitig machen können. Wie es aber häufig in alten Sagen geschieht, kam es dann doch ganz anders. Als Rhea Silvia eines Tages vor einem großen Wolf in eine Höhle flüchten musste, traf sie dort auf den römischen Kriegsgott Mars, der sie wider ihren Willen zur Mutter der Zwillinge Romulus und Remus machte. Nach deren Geburt setzte Amulius Silvius die beiden Zwillinge in einem Weidenkorb auf dem Tiber aus. Allerdings strandete der Korb schon bald und die beiden Kinder wurden von einer Wölfin gefunden und gesäugt. Später gelangten sie in die Obhut des Schweinehirten Faustulus, der sie bei sich zu Hause aufzog. Als

↓ *Szene aus der Sage von Romulus und Remus*

die Zwillinge viele Jahre später von ihrer wahren Herkunft erfuhren, gelang es ihnen, Amulius Silvius zu stürzen und ihren Großvater Numitor wieder als rechtmäßigen König einzusetzen. Trotzdem nahm die Geschichte kein gutes Ende. Als Romulus und Remus von Numitor die Gelegenheit erhielten, an der Stelle, an der sie ausgesetzt worden waren, eine Stadt zu gründen, gerieten sie in Streit. In dessen Verlauf erschlug Romulus seinen Bruder und wurde schließlich erster König der neuerbauten Stadt Rom, die er für die folgenden 38 Jahre regieren sollte.

Der Sage nach soll Romulus am Ende seiner Regierungszeit während einer Heerschau von seinem Vater Mars in den Himmel entführt worden sein, wo er zum Gott Quirinus wurde. Dieser galt in der römischen Frühzeit als eine der bedeutendsten Göttergestalten.

Der Raub der Sabinerinnen

Ein weiteres sagenhaftes Ereignis aus der Frühzeit der Stadt Rom, der Raub der Sabinerinnen, geschah noch unter der Herrschaft von Romulus. Nachdem dieser seine Stadt gegründet hatte, fehlte es ihr zunächst noch an Menschen. Um sie dichter zu besiedeln, lud Romulus die Bewohner der Umgebung ein und versprach ihnen die Verleihung des Bürgerrechts und die Zuteilung von Land. Da die Einladung offensichtlich nur von Männern angenommen wurde, fehlte es der jungen Stadt weiterhin an Frauen.

Um auch diese nach Rom zu bekommen, musste sich Romulus offenbar etwas anderes einfallen lassen. So ließ er ein

großes Fest veranstalten, zu dem die Stämme der umliegenden Städte eingeladen wurden. Als das Fest im vollen Gange war, griffen die römischen Soldaten ein, vertrieben alle männlichen Sabiner und nahmen deren Frauen gefangen. Diese wurden später mit römischen Männern verheiratet. Die Sabiner ließen es aber verständlicherweise nicht dabei bewenden, sondern kehrten schon bald mit einer großen Armee zurück. Bevor es zum Kampf kam, stellten sich die gefangenen Sabinerinnen laut der Sage zwischen die beiden Parteien und baten um eine friedliche Beilegung des Konflikts, was dann auch geschah. Römer und Sabiner vereinigten sich und bildeten ein Doppelkönigtum, das nach dem Tod des Sabinerkönigs alleine an Romulus fiel.

Frühe archäologische Zeugnisse

Wie bereits oben erwähnt, liefern die römischen Sagen bestenfalls Hinweise auf geschichtliche Ereignisse und müssen von Historikern immer kritisch hinterfragt werden. Stichhaltigere Informationen über die römische Geschichte, insbesondere die römische Frühzeit, liefert dagegen die Archäologie. Aufgrund archäologischer Ausgrabungen wissen wir beispielsweise, dass es bereits im 10. Jahrhundert v. Chr. eine frühe eisenzeitliche Siedlung auf dem Palatin gab, der weitere Siedlungen auf an-

Forum Romanum zur Blütezeit Roms →

Forum Romanum
gegen Ende des 19. Jahrhunderts →

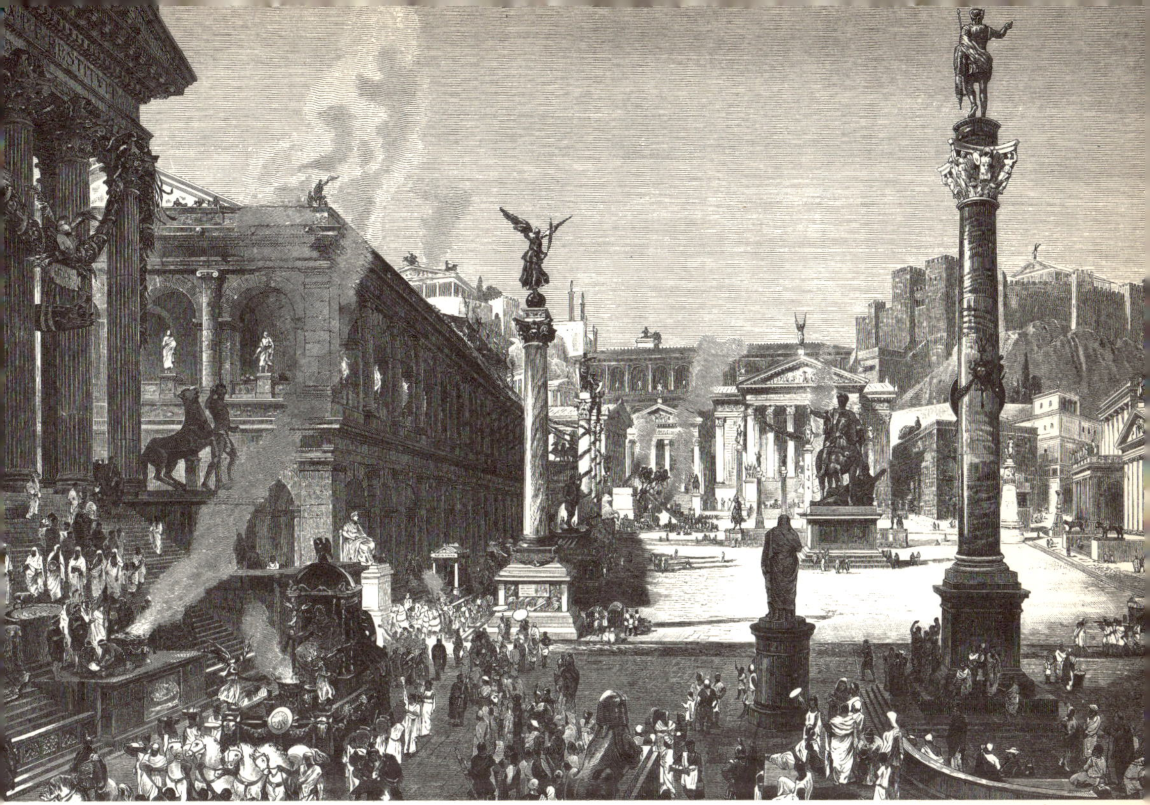

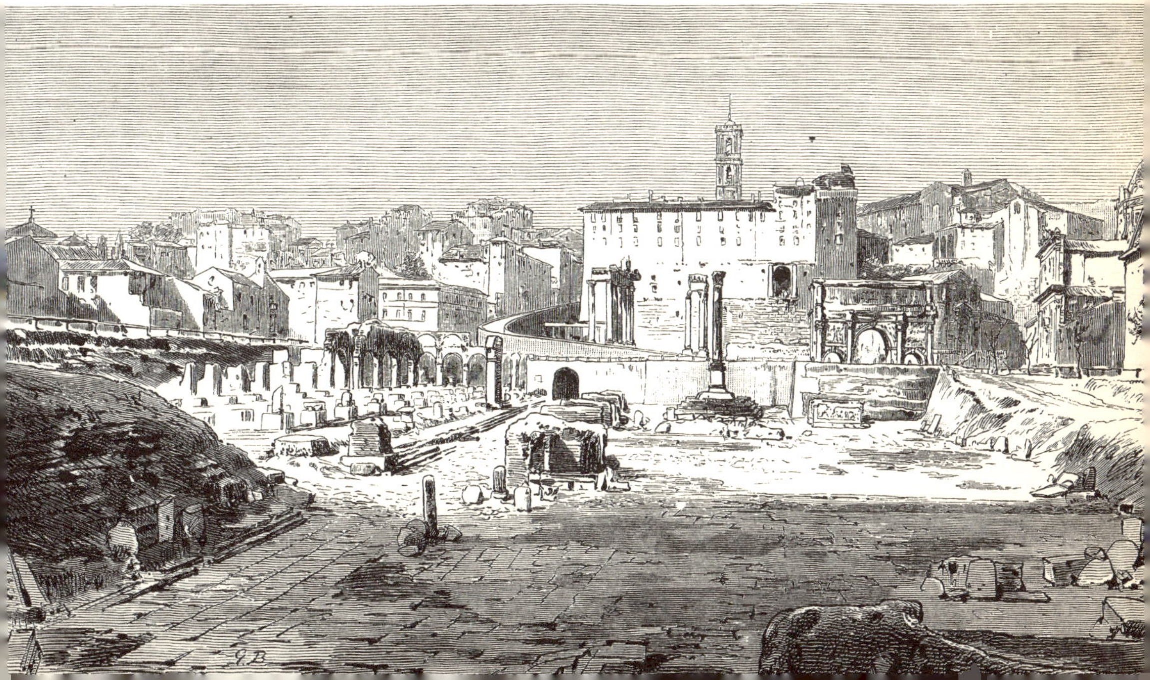

deren Hügeln der späteren Stadt Rom folgten. Der Palatin geriet vor einigen Jahren in die Schlagzeilen, als eine Höhle gefunden wurde, die man für die zeitweise Heimstatt von Romulus und Remus hielt. Die beiden Zwillinge sollen dort von der Wölfin gesäugt worden sein. Diese Annahme ist verständlicherweise höchst umstritten. In späterer Zeit war der Palatin der Wohnsitz der wohlhabenden römischen Oberschicht. Außerdem residierten seit Augustus verschiedene römische Kaiser auf dem Hügel.

Obwohl in den Geschichtsbüchern die Gründung der Stadt Rom immer auf das Jahr 753 v. Chr. datiert wird, sprechen neuere archäologische Untersuchungen eine andere Sprache. Vermutlich wurden die verschiedenen dörflichen Siedlungen auf den Hügeln entlang der Tibermündung erst im 7. Jahrhundert v. Chr. zu einer Stadt zusammengefasst. Der Grund für die Ansiedlung und die Stadtgründung an dieser Stelle hängt vor allem mit der Lage zusammen. Der Hügel fiel an drei Seiten steil nach unten ab, so dass er seinen Bewohnern Schutz bot und gut zu verteidigen war. Vermutlich an einer Tiberfurt gelegen, bot der Fluss gute Transportmöglichkeiten bis ans Meer und von dort in den gesamten Mittelmeerraum.

Die Zeit der römischen Könige

Mit Romulus begann den antiken Geschichtsschreibern zufolge die sagenhafte Herrschaft der sieben Könige. Vermutlich kam es unter der Herrschaft des dritten Königs, Tullus Hostilius, zu einem Krieg mit Alba Longa, der mit der Zerstörung der Stadt endete. Die gesamte Bevölkerung wurde auf den Hügel Caelius, einen der sieben Hügel Roms, umgesiedelt. Unter dem vierten König, Ancus Marcius, soll sich Rom erstmals auch auf das rechte Tiberufer ausgedehnt haben. Beide Teile der Stadt wurden durch eine erste Brücke miteinander verbunden.

Im 7. Jahrhundert v. Chr. gerieten die Stadt Rom und ihr Umland unter etruskischen Einfluss. In der Folgezeit waren es dann etruskische Könige, die über die Geschicke der Stadt Rom bestimmten. Die Etrusker waren sehr stark durch die griechische Kultur beeinflusst und errichteten schon früh beachtliche städtische Siedlungen. So erlebte Rom unter den Etruskern um 600 v. Chr. eine erste größere kulturelle Blütezeit. Den antiken Geschichtsschreibern zufolge zeichnete sich die Zeit durch eine besondere Bautätigkeit aus. Es entstanden Großbauten wie die Stadtmauer, das zentrale Abwassersystem oder der Tempel auf dem Capitol. Allerdings konnten die Darstellungen der antiken Geschichtsschreiber durch archäologische Zeugnisse bisher nicht belegt werden. Nach der Niederlage der Etrusker gegen die Griechen in der Seeschlacht von Kyme im Jahr 474 v. Chr. endete der etruskische Einfluss in Italien.

Aufgrund archäologischer Funde können wir vermuten, dass im frühen Rom ein König (*rex*) an der Spitze des Staates stand. So wurden am Forum Romanum eine Scherbe und ein Tuffstein mit der Inschrift *rex* gefunden. Allerdings liefern auch diese archäologischen Funde keine eindeutigen Beweise, da sie nicht mit absoluter Sicherheit in die römische Königszeit datiert werden können.

↑ *Tod der Lukretia*

Die weitere Bestimmung der Befugnisse der römischen Könige fällt aufgrund der dürftigen Quellenlage schwer. Es kann aber angenommen werden, dass der römische König zugleich Oberkommandant der Armee und höchster Priester des Landes gewesen sein muss. Seine Herrschaft war nicht absolut, sondern offenbar von der Zustimmung des Volkes und Senats abhängig. Der Senat dürfte aber auch nach dem Machtantritt eines Königs Einfluss auf die Regierungsentscheidungen gehabt haben.

Die Bevölkerung wurde während der römischen Königszeit in drei große Abteilungen (*tribus*) eingeteilt, die sich jeweils aus zehn Unterabteilungen, Reiterei (*curiae*) und Fußvolk (*plebs*) zusammensetzten. Dabei kam den Reitern eine besondere Stellung zu, da der Besitz eines Pferdes Landbesitz und Vermögen voraussetzte. Aus der Reiterei bildete der König seine Leibwache und das Gremium seiner Ratgeber (*senatus*). Daneben bestand eine gesellschaftliche Ordnung, die durch Familien und Sippen (*gentes*) bestimmt war.

Das Ende des römischen Königtums

Die römische Geschichtsschreibung datiert das Ende des römischen Königtums auf das Jahr 509 v. Chr. Der letzte König, Tarquinius Superbus, soll den Aufzeichnungen zufolge durch einen revolutionären Aufstand gestürzt und anschließend aus Rom verbannt worden sein. Tarquinius Superbus führte ein grausames und tyrannisches Regiment, was vor allem innerhalb des römischen Patriziats zu einer wachsenden Opposition führte. Den Anlass für den Aufstand gegen den letzten römischen König bildete ein Übergriff eines der Söhne des Königs auf eine angesehene römische Frau namens Lucretia. Diese soll sich daraufhin das Leben genommen haben. Ein gewisser Lucius Iunius Brutus, über den leider so gut wie nichts bekannt ist, rief daraufhin erfolgreich zum Aufstand gegen Tarquinius Superbus und zur Abschaffung des römischen Königtums auf. Dieses Ereignis galt den römischen Geschichtsschreibern gewissermaßen als Geburtsstunde der römischen Republik. Später übernahm Brutus das erste römische Konsulat.

Ob sich dies aber alles wirklich so zugetragen hat und ob die römische Monarchie tatsächlich in einem revolutionären Akt beseitigt wurde, ist unklar und keineswegs gesichert. Vielleicht war die Abschaffung der römischen Monarchie auch eher ein allmählich ablaufender Prozess. Tatsache ist aber, dass die Monarchie von einer Republik aristokratischer Prägung abgelöst wurde. Die treibende Kraft dieser Veränderung waren die reichen, mächtigen römischen Familien, die nach einer Neuverteilung der Macht verlangten. Sie bestimmten in den folgenden Jahrhunderten die Politik der neuen römischen Republik.

An die Stelle des Königs trat der Senat, so dass die Macht in Rom nun in die Hände der Reiterei (*curiae*) ging, deren Mitglieder allesamt Patrizier waren. Allerdings war die militärische Bedeutung der Reiterei zu diesem Zeitpunkt bereits gesunken, da die Römer eine Kampfweise eingeführt hatten, die das Vorrücken der schwerbewaffneten Infanterie in geschlossener Formation beinhaltete. Da-

↑ *Ein Römer der Oberschicht wird von seinen Sklaven in einer Sänfte getragen.*

durch gewann das politisch einflusslose Fußvolk (*plebs*) militärisch an Bedeutung. Dieses Ungleichgewicht führte schließlich zu einem langanhaltenden Konflikt zwischen den Patriziern und den Plebejern, der schließlich zu einer stärkeren Einbindung Letzterer führte. Diese durften nunmehr Ämter bekleiden und erhielten größeren politischen Einfluss. Plebejer wurden als Kommandanten innerhalb der römischen Armee zugelassen und etablierten eine eigene politische Versammlung (*concilium plebis*). Schließlich wurde die Führung des Staates von zwei Konsuln und einem Prätor übernommen. Während die beiden Erstgenannten die oberste Heeresgewalt innehatten, hatte der Prätor die Schlichtung von Rechtsstreitigkeiten zur Aufgabe. Eine letzte wesentliche Veränderung im Vergleich zum Königtum war die Schaffung einer Heeresversammlung, die der Ernennung des Oberbefehlshabers zustimmen musste und die Entscheidung über Krieg und Frieden traf.

DIE RÖMISCHE REPUBLIK

Patrizier und Plebejer

Die mächtigen römischen Familien, die schon in der Königszeit großen politischen Einfluss hatten, konnten sich in der römischen Republik zunächst die alleinige politische Entscheidungsgewalt sichern. Bei diesen Familien handelte es sich jeweils um mehr oder weniger große Gruppen von Menschen, die einem Familienoberhaupt (*patres*) unterstanden. Dieses Oberhaupt übte seinen politischen Einfluss durch seine Ämter und vor allem durch seine Zugehörigkeit zum Senat aus. Die Familienoberhäupter bestimmten nicht nur über ihre nächsten Familienangehörigen und Sklaven. Darüber hinaus gehörte zum Familienoberhaupt immer auch eine Gruppe Menschen, die von der materiellen und politischen Unterstützung ihres Patrons abhängig waren. Im Gegenzug konnte sich dieser auf die Unterstützung durch seine Klientel verlassen.

Die Dominanz der Familienoberhäupter (Patrizier) in der Zeit des Königtums und erst recht in der Frühzeit der Republik blieb aber nicht unangefochten. Im Laufe der Zeit hatte sich im Römischen Reich eine minderprivilegierte Schicht herangebildet, die nicht in einem Abhängigkeitsverhältnis zu den Patriziern stand bzw. sich aus diesem gelöst hatte. Die sogenannten Plebejer bildeten eine Gruppe, die aus Bauern, Handwerkern und Händlern bestand und die einen größeren Anteil an der politischen Macht im Römischen Reich forderten. Von Seiten der Patrizier wurde diese Forderung verständlicherweise abgewiesen und häufig auch durch Zwangsmaßnahmen beantwortet. Die Plebejer reagierten ihrerseits mit der Niederlegung ihrer Arbeit und der Verweigerung des Kriegsdienstes, was den römischen Staat vor ernsthafte Probleme stellte. In einigen Fällen verließen die Plebejer sogar die Stadt und versammelten sich in der näheren Umgebung.

Im Zuge der Auseinandersetzungen zwischen Patriziern und Plebejern entstand schließlich das Amt des Volkstribuns, der die Plebejer gegenüber den Konsuln, die Patrizier waren, stärken sollte. Leider ist es nicht geklärt, wann das Amt tatsächlich eingeführt wurde. In der römi

Darstellung römischer Klienten   →

Römer der Oberschicht
in seinem Arbeitszimmer   →

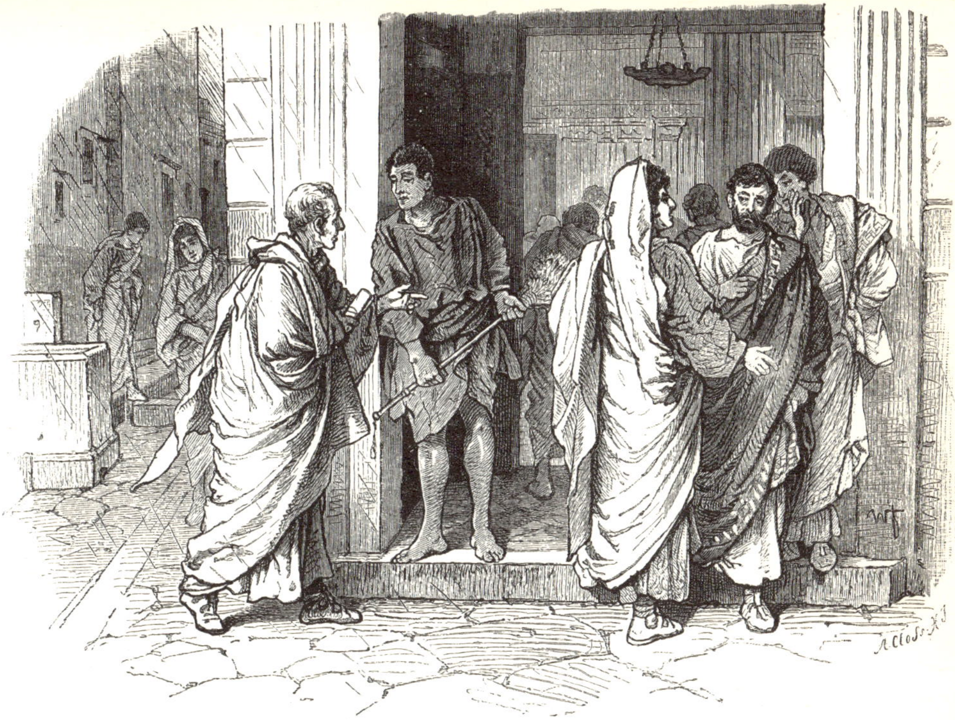

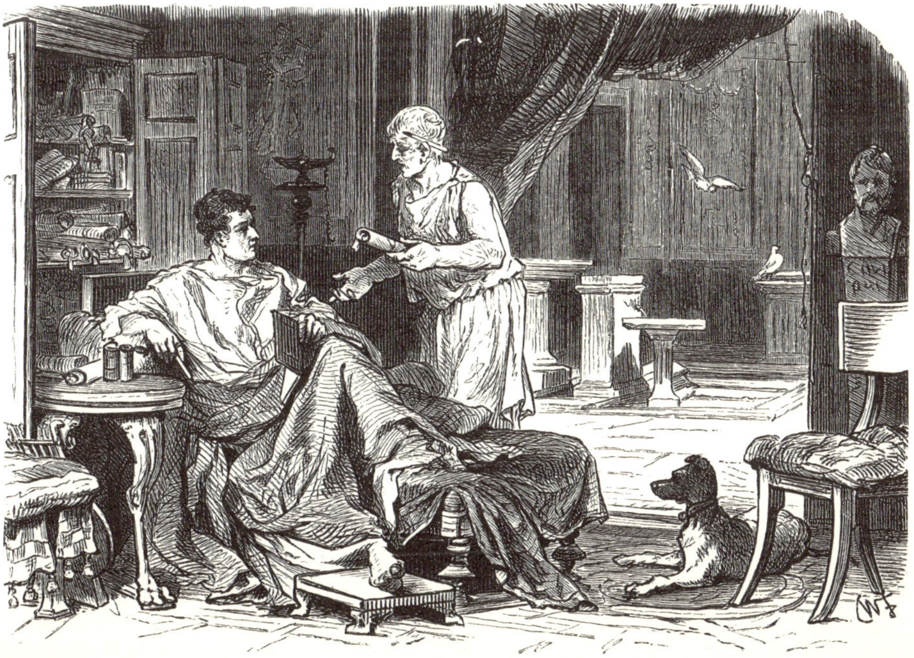

schen Geschichtsschreibung findet sich als Zeitangabe das Jahr 494 v. Chr. Damals soll es erstmals zu einem Auszug der Plebejer gekommen sein, in dessen Folge man ihnen das Amt des Volkstribuns zugestand. Allerdings ist dieses Ereignis nicht historisch belegt. Tatsache ist aber, dass das Amt des Volkstribuns die Plebejer vor den Übergriffen der Patrizier schützen sollte. Er selbst genoss einen quasireligiösen Schutz. Wer sich gegen einen Volkstribun verging, machte sich dadurch einer Todsünde schuldig. Der Sieg im Machkampf bescherte den Plebejern aber auch eine stärkere Mitbestimmung innerhalb des römischen Staates. Durch ihre Teilnahme an den Versammlungen der Zenturiatskomitien (*comitia centuriata*) wurden die Plebejer schließlich auch an der Wahl der höchsten Magistrate beteiligt. Dazu kamen Patrizier und Plebejer regelmäßig zusammen, um abzustimmen.

Das Zwölftafelgesetz

Den Höhepunkt und zugleich das Ende der Auseinandersetzung zwischen Plebejern und Patriziern bildete das Zwölftafelgesetz, welches im Jahr 451 v. Chr. von einem Zehnerkollegium verabschiedet wurde. Durch die schriftliche Fixierung der Gesetze wurden die Plebejer stärker vor einer willkürlichen Rechtsprechung geschützt, was den inneren Frieden stärkte. So schafften die Festlegung von Ackergrenzen sowie Wege- und Nutzungsrechte Klarheit bei allen Beteiligten. Allerdings brachte das Gesetz keine Entlastung vom Kriegsdienst und der Schuldknechtschaft. Ein weiteres Gesetz, das im Jahr 445

v. Chr. erlassene *lex Canuleia*, erlaubte die Heirat von Plebejern und Patriziern. Auch wenn sich dieses vermutlich in erster Linie auf reiche Plebejer bezog, lockerte es doch die starke Trennung zwischen beiden Bevölkerungsgruppen auf.

Als Folge der oben genannten gesellschaftlichen Veränderungen bildete sich eine neue patrizisch-plebejische Führungsschicht (Nobilität) heraus, deren wichtigstes politisches Organ die Senatsversammlung wurde. In den Senat wurden alle übernommen, die ein Amt bekleidet hatten. Offiziell fungierte der Senat nur als Ratgeber der mit der höchsten Amtsgewalt ausgestatteten Magistrate. Da sich im Senat allerdings die neue herrschende Klasse konzentrierte, hatten seine Ratschläge höchste Autorität. Die Nichtbefolgung eines Ratschlages hätte den höchsten Magistrat in Konflikt mit dem Senat gebracht, was nicht in seinem Interesse liegen konnte.

In der Zeit des Zwölftafelgesetzes entstand vermutlich auch die Zenturienverfassung, die das römische Volk nach ihrer Steuerleistung einteilte. Es entstanden 193 Zenturien, die jeweils einen Repräsentanten in die neugeschaffene Volksversammlung (*comitia centuriata*) entsendeten. Insgesamt ergaben sich aus dem Besitz der Römer unterschiedliche Rechte und Pflichten, die die Reichen bevorzugten. Dementsprechend war die Festsetzung des Besitzes der Bürger besonders wichtig, was zunächst die Konsuln und ab 443 v. Chr. die Zensoren machten. In dieser Zeit zeigte sich dann auch sehr deutlich der Wechsel der Macht von den alteingesessenen adligen Familien an die reichen römischen Grundbesitzer.

↑ *Eine Römerin der Oberschicht lässt sich zurecht machen.*

Rom und seine Nachbarn

Die Römer kooperierten bereits im 5. Jahrhundert v. Chr. eng mit den benachbarten Latinern. Laut der antiken Geschichtsschreiber soll es bereits im Jahr 493 v. Chr. sogar zu einem Bündnisvertrag zwischen Rom und den latinischen Städten gekommen sein. Einen weiteren bedeutenden Vertrag schlossen die Römer in der Frühzeit der Republik mit den Karthagern, der die römische Herrschaft in Latium sichern sollte. Beide Verträge sind in der Geschichtswissenschaft allerdings nicht unumstritten und werden teilweise auf eine spätere Zeit datiert. Im Norden versuchten die Römer ihr Herrschaftsgebiet gegenüber den Etruskern abzusichern. Hier kam es um 400 v. Chr. zu einer mehrjährigen militärischen Auseinandersetzung mit der etruskischen Stadt Veji, die im Jahr 396 v. Chr. mit dem Sieg der Römer endete. Dadurch konnte Rom sein Territorium von etwa 800 km² auf etwa 1.500 km² fast verdoppeln.

Die Kelten- und Latinerkriege

Trotz des militärischen Erfolgs gegen die Etrusker wurde die römische Herrschaft schon wenige Jahre später tief erschüttert. Nach dem Zusammenbruch der etruskischen Herrschaft strömten verschiedene Völker aus dem Norden nach Italien. Mit dieser Bedrohung sah sich auch die Stadt Rom konfrontiert. Besonders problematisch war das Vordringen der Kelten. Diese waren bereits im 6. Jahrhundert v. Chr. durch die Germanen aus Mitteleuropa vertrieben worden und wichen nun nach Westen und nach Süden aus. Dabei gelangten sie am Ende des 5. Jahrhunderts v. Chr. auch nach Norditalien, wo sie die Umbrer und Etrusker vertrieben.

Nachdem keltische Stämme bis nach Rom vorgedrungen waren, kam es im Jahr 387 v. Chr. zur berühmten Schlacht an der Allia, die für die Römer in einer katastrophalen Niederlage endete. Lediglich das Kapitol konnte von einer kleinen römischen Einheit gehalten werden. Als die Kelten einen Nachangriff durchführten, wurden die römischen Soldaten der Sage nach in letzter Sekunde von schnatternden Gänsen gewarnt. So konnte die vollständige Eroberung Roms verhindert werden. Aus diesem Grund und durch eine ausbrechende Krankheit waren die Kelten schließlich zu Verhandlungen bereit. Den Abzug der Feinde mussten sich die Römer allerdings teuer mit Gold erkaufen.

Nachdem die vollständige Niederlage gegen die Kelten abgewendet worden war, setzte eine Phase der Expansion ein, die über mehrere Jahrhunderte andauern sollte. Diese wurde insbesondere durch eine kluge Bündnispolitik ermöglicht. Im

↑ *Nachbildung eines karthagischen Soldaten*

↑ *Unbekannte römische Villa*

4. Jahrhundert wurde Rom führendes Mitglied des Latinischen Bundes, dessen Politik der Stadtstaat zunehmend bestimmte. Als sich die Mitglieder des Bundes gegen die römische Vorherrschaft wehrten, kam es 341 v. Chr. zum Bruch des Bündnisses. Der konkrete Anlass soll das Verhalten Roms im ersten Krieg gegen die Samniten (343–341 v. Chr.) gewesen sein, der allerdings nicht belegt ist. Der Krieg gegen die Samniten endete mit einem Sieg Roms sowie großen Geländegewinnen, an denen die latinischen Städte aber nicht beteiligt wurden.

Es kam aber nicht nur zum Bruch des Bündnisses zwischen Rom und den latinischen Städten, sondern auch zu einem weiteren Krieg (340–338 v. Chr.), den Rom aber ebenfalls für sich entscheiden konnte. Die Souveränität und Autonomie der latinischen Städte wurde aufgehoben. Als Folge wurden die latinischen Gemeinden Teil des römischen Staates. Dadurch konnte Rom seine Bevölkerung und sein Territorium entscheidend vergrößern. Es lag nun bei etwa 6.100 km². Damit war der Grundstein zur Errichtung des römischen Weltreiches gelegt.

Wie in vielen anderen Fällen auch reagierten die Römer taktisch klug auf den Konflikt mit den Latinern. So wurden die latinischen Städte in der Folgezeit nicht nur besser in das römische Staatsgebiet integriert, sondern auch bei der Gründung neuer Kolonien den Römern gleichgestellt. So sollten ähnliche Konflikte wie der vorausgegangene zukünftig verhindert werden.

Die Samnitenkriege

Nach dem Sieg gegen die Latiner drohte das Erreichte in den folgenden Kriegen gegen die Samniten wieder verloren zu gehen. Bei den Samniten handelte es sich um einen Bund mehrerer oskischer Stämme, die ab der Mitte des 4. Jahrhunderts v. Chr. mit den anderen Mächten Mittel- und Süditaliens in Konflikt gerieten. Rom wurde schon früh in diesen Konflikt hineingezogen und führte in der Folge mehrere Kriege gegen die Samniten, die sich über einige Jahrzehnte hinziehen sollten. Während dieser Zeit drohte den Römern mehrmals die totale Niederlage. So wurde das römische Heer im Jahr 321 v. Chr. durch die Samniten vollständig eingeschlossen. Es durfte aber schließlich unter demütigendem Spießrutenlaufen wieder abziehen.

Der Grund für die römischen Schwierigkeiten lag in einer für den Kampf gegen die Samniten ungeeigneten Ausrüstung und Taktik. Da der Krieg vor allem im Gebirge stattfand, waren die römischen Soldaten, die als Phalanx mit langen Speeren kämpften, im Nachteil. Im zweiten Samnitenkrieg (316–304 v. Chr.) verbesserten die Römer daher ihre Ausrüstung und änderten ihre Taktik. Man übernahm den kurzen Spieß der Samniten (*pilum*) und kämpfte nun in kleineren, flexibleren Einheiten (*manipulus*). Außerdem wurden verschiedene latinische Kolonien zu Festungen ausgebaut, die der römischen Armee nun als Stützpunkt dienen konnten. Trotz dieser Verbesserungen brachte auch der zweite Samnitenkrieg keinen römischen Sieg.

Im dritten Samnitenkrieg (298–290 v. Chr.) stand Rom nicht nur gegen die Samniten, sondern musste sich auch der Etrusker, Umbrer und Kelten erwehren. Nachdem es dann im Jahr 290 v. Chr. zum Friedensschluss mit den Samniten gekommen war, dauerte die Auseinandersetzung mit den Sabinern, Etruskern und Kelten noch länger an. Die etruskische Stadt Volsinii konnte sich beispielsweise noch bis in das Jahr 264 v. Chr. halten. Obwohl die langanhaltenden Kriege die Ressourcen Roms stark beansprucht hatten, ging Rom letztendlich gestärkt aus den Auseinandersetzungen hervor. Die Mehrheit der italienischen Stämme wurde unterworfen oder zu Bundesgenossen gemacht. Nur die Samniten und einige griechische und etruskische Städte konnten ihre Eigenständigkeit noch bewahren.

König Pyrrhos I.

Die zunehmende Ausbreitung des römischen Staates führte im Jahr 282 v. Chr.

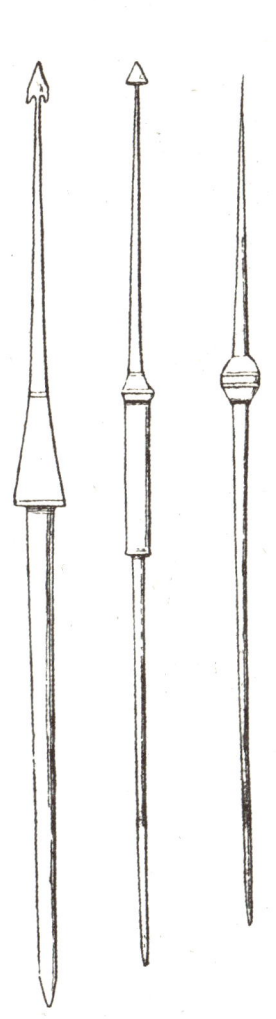

*Spieß (pilum) in
verschiedenen Formen* ↑

*Camillus und Brennus
im Kapitol zu Rom* →

*Römische Soldaten
bei der Ausbildung* →

zum Konflikt mit der Stadt Tarent, die eine griechische Kolonie war und die größte und mächtigste Flotte Italiens besaß. Um seine Seeherrschaft zu sichern, schloss Tarent mit Rom einen Vertrag, der die jeweiligen Hoheitsgebiete auf See festlegte. Demnach durften sich römische Schiffe nur bis zum Kap Lacinio in der Nähe von Crotone bewegen.

Als römische Schiffe gegen diesen Vertrag verstießen, wurden sie von der Tarenter Flotte angegriffen. Eine folgende diplomatische Mission der Römer blieb erfolglos. Schließlich kam es zum römischen Angriff auf Tarent, der mit der vollständigen Eroberung und Plünderung der Stadt endete. Die Tarenter hatten allerdings schon zu Beginn der Auseinandersetzung Pyrrhos, den König der Molosser, aus Griechenland zu Hilfe gerufen. Dieser versuchte zur gleichen Zeit einen hellenistischen Staat in Griechenland aufzubauen. Als diese Pläne scheiterten, wandte sich Pyrrhos nach Italien und entsandte etwa 30.000 Mann gegen die Römer. Es folgten mehrere Schlachten, die Pyrrhos zwar alle gewann, allerdings nur unter großen Verlusten. Auf diese Schlachten geht der Ausdruck Pyrrhossieg zurück, der einen verlustreichen und letztendlich bedeutungslosen militärischen Sieg bezeichnet. Nach der Schlacht von Ausculum im Jahr 279 v. Chr. soll Pyrrhos daher auch gesagt haben: „Noch so ein Sieg und ich bin verloren." Als er allmählich in Italien an Rückhalt verlor und in der Schlacht von Beneventum im Jahr 275 v. Chr. erstmals eine militärische Niederlage gegen die Römer hinnehmen musste, kehrte er mit seinen Truppen nach Griechenland zurück.

Italien in römischer Hand

Nach dem Abzug von König Pyrrhos fielen Tarent und die anderen süditalienischen Städte in der Folgezeit an Rom oder wurden zu dessen Bundesgenossen. Die Römer kontrollierten nun das gesamte festländische Italien südlich des Apennins. Der Großteil dieses Gebietes – etwa 130.000 km² – gehörte dabei allerdings den römischen Bundesgenossen, die durch ein „ewiges Bündnis" mit Rom verbunden

↑ *Pyrrhus I.*

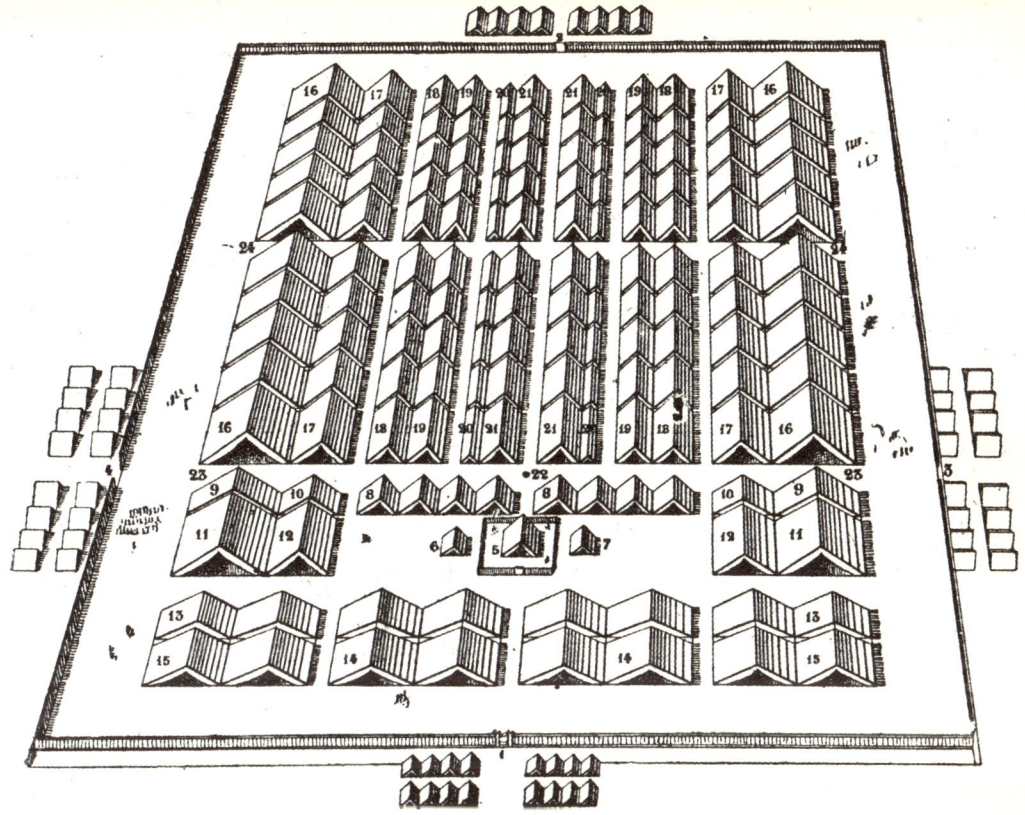

Römifches Lager.

1. Porta praetoria.	7. Quaestorium.	13. Equites extraordinarii.	19. Principes.
2. Porta decumana.	8. Tribuni.	14. Pedites extraordinarii.	20. Triarii.
3. Porta dextra.	9. Praefecti sociorum.	15. Auxilia.	21. Equites Romani.
4. Porta sinistra.	10. Legati.	16. Pedites sociorum.	22. Ara.
5. Praetorium.	11. Pedites delecti.	17. Equites sociorum.	23. Via principalis.
6. Forum.	12. Equites delecti.	18. Hastati.	24. Via Quintana.

↑ *Römisches Militärlager*

waren. Innerhalb der Bundesgenossen besaßen die latinischen Kolonien, die ursprünglich als Militärkolonien errichtet worden waren, eine besondere Stellung. In der zweiten Hälfte des 3. Jahrhunderts v. Chr. existierten über 30 dieser Kolonien. Obwohl Rom die Politik des Bundes bestimmte, griff es nicht in die innere Ordnung der Bundesgenossen ein. Auch waren die Bündnispartner Roms zu keinerlei Abgaben verpflichtet, sondern leisteten ausschließlich militärische Unterstützung. Dadurch wurde Rom im 3. Jahrhundert v. Chr. zur stärksten Militärmacht im Mittelmeerraum. Es konnte zu dieser Zeit auf fast 800.000 Waffenfähige zurückgreifen.

Das römische Kernland umfasste im 3. Jahrhundert v. Chr. die Stadt Rom, Latium, Kampanien und einen Gebietsstreifen, der bis zur Adria reichte. Die ehemals selbstständigen Städte in diesem Gebiet waren nun römische Kolonien oder besaßen den Status einer niedrigeren Verwaltungsstadt (*municipium*). Innerhalb Roms hatte sich trotz oder gerade wegen der schwierigen außenpolitischen Lage die Emanzipation der Plebejer seit der Schaffung des Zwölftafelgesetzes weiterentwickelt. Es waren vor allem die römischen Volkstribunen, die durch neue Gesetze die Lage der Plebejer verbesserten. Dazu gehörte beispielsweise die Verteilung von Staatsland oder die Besetzung einer der beiden Konsulatsstellen mit einem Vertreter der Plebejer. So wurde mit Lucius Sextius Lateranus im Jahr 366 v. Chr. zum ersten Mal ein Plebejer zum Konsul gewählt. Die

reichen plebejischen Familien konnten nun in den Amtsadel aufsteigen. Obwohl die Plebejer zunehmend an Einfluss gewannen, gaben die Patrizier Einfluss und Privilegien nur da auf, wo es sich nicht vermeiden ließ. Bestimmte Vorrechte, wie beispielsweise die Besetzung der Priesterämter, blieben weiterhin in ihrer Hand.

Der Erste Punische Krieg

Der Aufstieg Roms zu einer der bedeutendsten Mächte im Mittelmeerraum brachte es zwangsläufig in Konflikt mit Karthago. Anfangs versuchten beide Seiten noch, die Durchsetzung der gegenseitigen Interessen vertraglich zu sichern, und beschlossen eine begrenzte Kooperation. So wurde beispielsweise vereinbart, in bestimmten Gebieten auf Kolonisation zu verzichten. Die Römer gestanden den Karthagern zu, Städte in Latium anzugreifen, die nicht unter römischer Herrschaft standen. Wurde eine Stadt erobert, ging der bewegliche Besitz an Karthago, während die Stadt selbst an Rom fiel. Diese Kooperation konnte aber nur von begrenzter Dauer sein, da insbesondere Rom militärisch expandierte. Über kurz oder lang musste es daher zu einer militärischen Konfrontation zwischen Rom und Karthago kommen.

Die Stadt Karthago war im 8. oder 9. Jahrhundert v. Chr. von den Phöniziern gegründet worden. Diese legten damals Handelsniederlassungen rund um das Mittelmeer an. Mit der Zeit

← *Römisches Handelsschiff*

→
*Befestigter
römischer
Militärposten*

*Römisches
Kriegsschiff
nach einem
antiken Relief*
→

entwickelte sich Karthago zu einem bedeutenden Handelsplatz, baute eine große Flotte auf und konnte schließlich die phönizischen Kolonien im westlichen Mittelmeerraum unter seiner Führung vereinen. In der Folgezeit setzte sich Karthago durch die Gründung von Kolonien oder militärische Eroberungen in Nordafrika, an der südöstlichen Küste Spaniens, auf Korsika, Sardinien und Sizilien fest.

Im Jahr 264 v. Chr. kam es dann tatsächlich zum Krieg zwischen Rom und Karthago, der dann später als Erster Punischer Krieg bezeichnet wurde.

Da die römische Armee den Karthagern überlegen war, war der Sieger hier schnell klar. Allerdings besaß Karthago die größere und stärkere Flotte. Die Römer machten sich mit Hilfe der griechischen Städte in Unteritalien schnell daran, eine eigene schlagkräftige Flotte aufzubauen, was auch gelang. Außerdem entwickelte man auf römischer Seite eine Enterbrücke (*corvus*), mit der die Römer auch auf See ihre Stärke im Landkampf einsetzen konnten. Im Jahr 260 v. Chr. gelang den Römern vor Mylae dann auch der erste Sieg in einer Seeschlacht. Nach einigen Anfangserfolgen, bei denen römische Legionen bis nach Nordafrika vordrangen, mussten die Römer einige Rückschläge hinnehmen. Das römische Heer in Nordafrika wurde besiegt, ebenso verschiedene römische Flotten. In Sizilien übernahm der karthagische Politiker und Feldherr Hamiliar Birkas die Führung der karthagischen Truppen und setzte sich fest. Erst als Rom im Jahr 241 v. Chr. die karthagische Flotte vernichtete, war die Niederlage Karthagos besiegelt. Neben der Zahlung von Reparationen musste Karthago Korsika und Sizilien an Rom ab-

treten. Einige Jahre später nutzte Rom einen Söldneraufstand in Karthago aus, um auch noch das karthagische Sardinien in seinen Besitz zu bringen.

Die römische Expansion in Norditalien und Illyrien

Mit dem Sieg gegen Karthago hatte Rom seine Machtstellung im Mittelmeer erweitert und konnte mit der Eroberung von Korsika, Sardinien und Sizilien weitere wichtige Stützpunkte für sich gewinnen. Damit hatte Rom sein Expansionsstreben weiter fortgesetzt und griff nun auch über das italienische Festland hinaus. Trotzdem kam das römische Kernland nicht zur Ruhe. Im Jahr 225 v. Chr. fielen die Kelten ein weiteres Mal in Italien ein, wo sie sich nun aber mit einem weitaus stärkeren Gegner konfrontiert sahen als bei ihrem letzten Vorstoß nach Süden. Der Feldzug der Kelten konnte daher auch schnell gestoppt werden. Dabei ließen es die Römer aber nicht bewenden, sondern drangen nun ihrerseits nach Norden vor. Dabei überschritten sie den Po und eroberten im Jahr 222 v. Chr. das keltische Mediolanum, das spätere Mailand. Wie bereits bei ihren vorangegangenen Eroberungen sicherten die Römer das neugewonnene Gebiet durch die Anlage von Festungen und erschlossen es durch den Bau von Straßen.

Wie bereits im Süden, wo die Römer in den Machtbereich der Karthager vorstießen, bedeutete die römische Expansion nach Norden eine Konfrontation mit den illyrischen Stämmen östlich der Adria. Den Ersten Illyrischen Krieg in den Jahren 229/228 v. Chr. führte Rom gegen Teu-

↑ *Römischer Sieg über die karthagische Flotte bei den Ägadischen Inseln*

ta, die Königin der Labeaten. Die Ursache des Konfliktes war die illyrische Piraterie, die die römischen Handelsinteressen in diesem Gebiet schädigte. Wie in anderen Fällen auch schickte Rom Diplomaten, die auf eine Wiedergutmachung der Verluste des römischen Händlers drängten. Als Königin Teuta einen der beiden Diplomaten töten ließ, griffen die Römer militärisch ein. Sie schickten ihre Armee und Flotte nach Illyrien und besiegten die Labeaten innerhalb kurzer Zeit.

Trotz ihres Sieges versäumten es die Römer, das eroberte Gebiet ihrer direkten Kontrolle zu unterstellen, und stärkten stattdessen lokale Machthaber. Dazu gehörte beispielsweise Demetrios von Pharos, der sich aber schon bald wieder von Rom abwendete und mit dem makedonischen König Antigonos III. verbündete. Als Demetrios gegen Bestimmungen des römischen Friedensvertrages von 228. v. Chr. verstieß, griffen die Römer wieder ein. Im Zweiten Illyrischen Krieg (219 v. Chr.) wurde auch Demetrios innerhalb kürzester Zeit besiegt. Nun stellten die Römer die östliche Adriaküste bis nach Aulona, dem heutigen Vlora in Albanien, unter ihre Kontrolle. Damit war dann allerdings auch schon der nächste Konflikt vorprogrammiert, da die Römer nun in den Machtbereich des makedonischen Königs Philipp V. vordrangen.

An dessen Hof hatte sich Demetrios von Pharos nach seiner Niederlage geflüchtet. Ein Krieg der Römer gegen die Makedonier war somit nur eine Frage der Zeit.

Der Zweite Punische Krieg

Obwohl Karthago im ersten Krieg gegen Rom bedeutende Gebietsverluste hatte hinnehmen müssen, war es doch noch eine bedeutende Macht im westlichen Mittelmeerraum. Außerdem versuchte Karthago seine Verluste durch weitere Eroberungen auf der Iberischen Halbinsel zu kompensieren. Dort standen bereits verschiedene Gebiete an der Südküste des heutigen Spaniens sowie die Balearen unter der Kontrolle Karthagos. Karthago musste neue Einnahmequellen erschließen, um die geforderten Kompensationszahlungen an die Römer leisten zu können. Schließlich benötigte die Armee ein neues Betätigungsfeld.

Um das Jahr 225 v. Chr. schlossen Römer und Karthager einen Vertrag, der den Fluss Ebro als Grenze zwischen den beiden Einflusszonen festschrieb. Bis heute ist in der Forschung aber umstritten, welcher Fluss tatsächlich die Grenze zwischen den beiden Einflusszonen darstellte. Außerdem ist unklar, ob der Vertrag eine Sagunt-Klausel enthielt und was dann tatsächlich zum Ausbruch des Zweiten Punischen Krieges führte. Laut der Sagunt-Klausel wäre die Stadt ein römischer Bundesgenosse gewesen und deren Eroberung durch Karthago im Jahr 219 v. Chr. ein Kriegsgrund. Insgesamt ist der Ebro-Vertrag in vielen Punkten anzuzweifeln. Trotzdem geht man davon aus, dass seine Verletzung ein wichtiger Grund für die Eröffnung des Zweiten Punischen Krieges gewesen ist.

Die Ausweitung des karthagischen Machtbereiches in Iberien wurde vor allem von dem karthagischen Politiker und Feldherrn Hamilkar Barkas und seinen Söhnen geleistet. Die Familie der Barkiden errichtete ein regelrechtes Familienreich, dessen Machtbasis die im Jahr 227 v. Chr. von Hasdrubal Barkas gegründete Stadt Carthago Nova (Cartagena) wurde. In Spanien befanden sich unter anderem die Silberminen, die Karthago benötigte, um die römischen Kriegskontributionen bezahlen zu können. Der Angriff Hannibals auf den vermeintlichen römischen Bundesgenossen Sagunt im Jahr 219 v. Chr. diente den Römern wahrscheinlich als Grund, Karthago den Krieg zu erklären. Hinzu kam die Überschreitung des Ebro durch Hannibal. Als

Hannibal ↑

↑ *Überschreitung der Rhone durch die Truppen Hannibals*

die Karthager dessen Auslieferung ablehnten, war der zweite Krieg zwischen Rom und Karthago nicht mehr zu verhindern.

Hannibal übernahm sofort die Initiative und machte sich zu seinem berühmten Feldzug über die Alpen nach Italien auf. Obwohl er sich um Verhandlungen mit den Kelten in Frankreich und Italien bemühte, um ungestört nach Italien vordringen zu können, kam es schon auf dem Weg nach Italien zu militärischen Zusammenstößen mit verschiedenen keltischen Völkern. Trotzdem gelang es Hannibal, mit 50.000 Soldaten, 9.000 Reitern und 37 Elefanten über die Alpen nach Italien zu ziehen. Es kam zu einem ersten kurzen Gefecht, das die Karthager für sich entscheiden konnten. Am Fluss Trebia kam es dann zur Schlacht zwischen Hannibal und den konsularischen Heeren von Publius Cornelius Scipio und Tiberius Sempronius Longus, die Hannibal ebenfalls gewinnen konnte. Und auch die folgende Schlacht gegen eine 80.000 Soldaten umfassende römische Armee entschied Hannibal für sich. Trotz der zahlreichen Niederlagen und des enormen Verlusts an Soldaten konnte Hannibal Rom aber nicht bezwingen. Er ließ zudem die Möglichkeit verstreichen, Rom selbst einzunehmen, obwohl die Stadt zu diesem Zeitpunkt weitgehend schutzlos war.

Die Römer setzten den Krieg weiter fort, nun aber mit einer geänderten Strategie. Sie eroberten die von Rom abgefallenen Städte zurück und besetzten im Jahr 209 v. Chr. die Stadt Carthago Nova in Spanien und schnitten Hannibal damit von seinem Nachschub ab. Zwei Jahre später gelang es den Römern sogar, Hannibals Bruder Hasdrubal mit seinem Heer in Norditalien zu vernichten. Als Zeichen ihres Triumphes

und um Hannibal weiter zu schwächen, schickten sie diesem den Kopf seines Bruders. Schließlich setzte im Jahr 204 v. Chr. ein römisches Heer unter Scipio nach Afrika über, woraufhin die Karthager sich ergeben und Hannibal zurückrufen mussten. Dieser wandte sich im Jahr 202 v. Chr. ein letztes Mal gegen die Römer unter Scipio, wurde dabei aber vernichtend geschlagen. Danach war er gezwungen, ins Exil nach Kleinasien zu gehen.

Für die Karthager hatte die zweite Niederlage gegen die Römer dramatische Folgen. Sie mussten auf alle Besitzungen außerhalb Afrikas verzichten und hohe Entschädigungszahlungen leisten. Außerdem mussten sie bis auf zehn Schiffe ihre gesamte Flotte ausliefern und durften nur noch mit römischer Zustimmung Krieg führen. Für die Römer brachte der Sieg gegen die Karthager einen weiteren Machtgewinn. Sie hatten sich nicht nur eines bedeutenden Konkurrenten entledigt, sondern nun auch weitere Gebiete im heutigen Spanien in ihren Besitz gebracht.

Der Krieg gegen die hellenistischen Staaten

Der Aufstieg Roms zur Weltmacht wurde begleitet von einer fast ununterbrochenen Folge von Kriegen, die enorme Ressourcen an Menschen und Material beanspruchten. Nachdem Karthago endgültig besiegt war, wandte sich Rom nach Osten, der hellenistischen Welt zu. Dort hatte es mehr als 100 Jahre zuvor ebenfalls ein Weltreich gegeben, das nach dem Tod Alexanders des Großen zerfallen war. Nach langen Kämpfen hatten sich drei Diadochenreiche heraus-

↑ *Hannibal stößt auf die Kelten.*

↓ *Hannibal und Scipio treffen sich
vor der Schlacht bei Zuma.*

↑
*Hannibal beweint
den Tod seines
Bruders Hasdrubal.*

gebildet, darunter Makedonien, das bereits unter seinem König Philipp V. auf Seiten Hannibals in den Zweiten Punischen Krieg eingegriffen hatte. Den Römern war es aber gelungen, Makedonien von einem Einschreiten in Italien abzuhalten. Nach dem Sieg gegen Hannibal hatte Rom nun aber endlich freie Hand, gegen diesen weiteren Konkurrenten vorzugehen. Ein Anlass bot das Bündnis Philipps V. mit Antiochos III., der auf dem Gebiet des heutigen Syrien herrschte. Beide Herrscher hatten eine Schwächeperiode Ägyptens genutzt und dessen außerägyptische Besitzungen an sich gerissen. König Philipp von Makedonien ging es dabei hauptsächlich um die griechischen Staaten, von denen sich vor allem Pergamon und Rhodos gegen eine Übernahme durch die Makedonier wehrten und sich dazu mit einem Gesuch um Hilfe an die Römer wandten.

Als Folge marschierten die Römer gegen Philipp V., der bereits im Jahr 197 v. Chr. besiegt werden konnte. Als Antiochos III. die Niederlage der Makedonier zu seinen Gunsten nutzen wollte, führte das auch ihn in einen Krieg mit Rom. Er wurde ebenfalls von den Römern geschlagen und musste im Jahr 188 v. Chr. einen Friedensvertrag mit Rom schließen. Damit hatte das Römische Reich seine Macht auch gegenüber den Diadochenstaaten eindrucksvoll demonstriert. Allerdings setzten die Römer in Griechenland nicht auf eine direkte Machtausübung, sondern übten ihre Herrschaft indirekt über romfreundliche Staaten oder Herrscher aus. Erst im Dritten Makedonischen Krieg (171–169 v. Chr.) gelang den Römern die völlige Zerschlagung Makedoniens, aus dem vier Kleinstaaten hervorgingen. Damit hatte Rom seine indirekte Herrschaft über Griechenland gesichert und alle bedeutenden Konkurrenten in diesem Raum beseitigt.

Aufstände gegen die römische Herrschaft

Der Sieg über die hellenistischen Staaten hatte Rom zur unangefochtenen Macht im Mittelmeerraum gemacht. Allerdings herrschte Rom in vielen Gebieten indirekt ohne eigenen Machtapparat mit Militär und einer funktionierenden Beamtenschaft. Die römische Herrschaftspraxis in den unterworfenen Gebieten bestand in einer indirekten Kontrolle. Der Wille Roms wurde den besiegten Gebieten durch diplo-

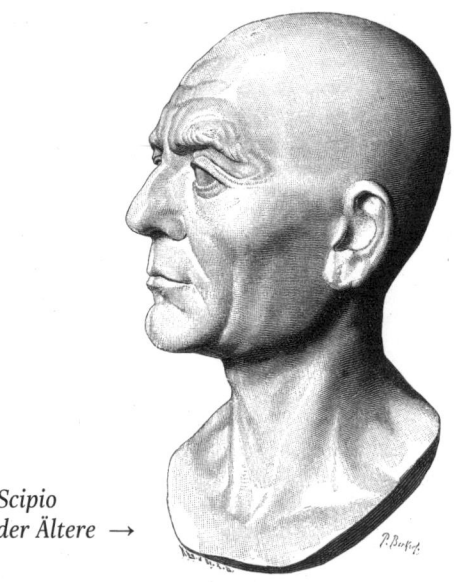

Scipio der Ältere →

Eroberung und Zerstörung Karthagos durch die Römer →

matische Missionen mitgeteilt. Die Römer überwachten die Lage in den unterworfenen Gebieten genau und unterbanden jede eigenständige Aktivität, die sie als Angriff auf Rom werteten. Auf Seiten der Unterlegenen ergaben sich häufig Unsicherheiten über das richtige Handeln, was zu einer wachsenden Unzufriedenheit führte.

Ein Unruheherd war das im Zweiten Punischen Krieg annektierte Spanien, das sich mehrfach gegen die römische Herrschaft erhob. Im Jahr 154 v. Chr. brach ein Aufstand aus, der die Römer mehrere Jahrzehnte beschäftigen sollte. Nach langen, verlustreichen Kämpfen gelang es den Römern aber schließlich, Spanien dauerhaft zu unterwerfen. Um die Herrschaft zu festigen, wurde nun die Romanisierung des Landes vorangetrieben. Es wurden römische Kolonisten angesiedelt und Straßen gebaut. Außerdem wurde mit der Errichtung der beiden südfranzösischen Provinzen Narbonensis und Aquae sextia eine dauerhafte Landverbindung zwischen Spanien und Italien geschaffen.

Während Rom noch mit der Niederschlagung des spanischen Aufstandes beschäftigt war, kam es im Jahr 151 v. Chr. in Makedonien und im Jahr 146 v. Chr. in Griechenland zum Aufstand. In Griechenland war es der Archäische Bund, der sich gegen die römische Herrschaft wandte. Rom schlug auch diese beiden Aufstände konsequent nieder und fügte beide Gebiete als neue Provinz Macedonia seinem Herrschaftsgebiet zu. Schließlich regte sich auch Karthago, das durch den numidischen König Massinissa bedrängt wurde. Obwohl Karthago dagegen in Rom protestierte, blieb ihm jegliche römische Unterstützung verwehrt. Als Karthago sich mit Waffengewalt gegen Massinissa zur Wehr setzte, wertete Rom dies als Verletzung des Friedensvertrages von 202 v. Chr. Karthago konnte der römischen Armee nicht mehr viel entgegensetzen und wurde im Jahr 146 v. Chr. von römischen Truppen erobert. Diese machten nun kurzen Prozess und zerstörten die Stadt vollständig. Die Bewohner wurden in die Sklaverei verkauft. Stadt und Land Karthago wurden als römische Provinz Africa ebenfalls dem Reich zugefügt. Die Provinzhauptstadt wurde Utica.

DAS ENDE DER RÖMISCHEN REPUBLIK

Aufstieg und innenpolitische Krise

Im 2. Jahrhundert v. Chr. war Rom zur größten und bedeutendsten Macht im Mittelmeerraum geworden. Alle großen Konkurrenten in Italien, Spanien, Nordafrika und Griechenland waren in den Jahrhunderten zuvor erobert oder auf den Status von Vasallenstaaten herabgestuft worden. Trotz oder gerade aufgrund der enormen Expansion des Reiches erlebte die römische Republik im 2. Jahrhundert v. Chr. aber zugleich eine tiefreichende innenpolitische Krise. Diese zeigte sich unter anderem in einer wachsenden Differenzierung

↑ *Eroberung und Zerstörung Karthagos durch die Römer*

der römischen Gesellschaft und der Verelendung großer Teile der Bauernschaft.

Aufgrund der Erfahrungen mit der Monarchie war es in der Zeit der Republik üblich geworden, bestimmte Positionen und Machtbefugnisse nur für eine festgelegte Dauer zu verleihen. Außerdem wurden spezielle Ämter immer mit zwei Inhabern besetzt, um eine gegenseitige Kontrolle zu ermöglichen. Ein weiteres demokratisches Element war die Verhinderung bzw. Erschwerung der wiederholten Ausübung eines Amtes. Alle diese Elemente wurden vornehmlich in der Spätphase der Republik mehr und mehr aufgeweicht, insbesondere um die wachsenden Machtansprüche Roms durchsetzen zu können. Es waren zahlreiche Kriege geführt worden, die zu einer Verlängerung der Amtsvollmachten und Privilegien führten.

Faktoren, die das Römische Reich am Ende der Republik besonders prägten, waren Krieg, Tod und Elend. Auf römischer Seite starben Zehntausende und viele Angehörige der römischen Führungsschicht verloren ihren Besitz. Die Niederlassung der zahlreichen ausgedienten römischen Soldaten in Veteranensiedlungen basierte häufig auf entschädigungsloser Vertreibung. Insgesamt wurden ein Sittenverfall und die wachsende Bedeutung von Korruption oder übertriebener Darstellung von Luxus beklagt.

Darüber hinaus war die römische Armee zu einem wichtigen Machtfaktor geworden. Es bildeten sich Heeresklientele heraus, die von einem Feldherrn abhängig waren und von diesem zur Sicherung oder Erweiterung seiner politischen Macht eingesetzt werden konnten. Für die Soldaten waren nicht mehr die Beschlüsse des römischen Senats oder anderer Institutionen wichtig, sondern allein die Haltung ihres Oberbefehlshabers. Dessen militärischer und politischer Erfolg entschied über den Sold und die Beute der Soldaten.

Durch die römische Expansion stieg der Besitz an Staatsland beständig an. Insbesondere nach dem Krieg gegen Hannibal gab es einen Überschuss an Staatsland, der ab 180 v. Chr. an die reichen römischen Bürger verkauft wurde. Von staatlicher Seite wurden zwar Obergrenzen für den erlaubten Landbesitz festgelegt, doch waren diese so großzügig bemessen, dass sie keine große Wirkung zeigten. Somit wurde immer mehr Land in den Händen der römischen Oberschicht konzentriert. Zusätzlich begünstigt wurde die Bildung von Großgrundbesitz noch durch weitere Faktoren. So hatten die zahlreichen Kriege Roms nicht nur Land, sondern auch Geld und Sklaven ins Reich gebracht. Schließlich existierte ein Markt, der die Überschüsse einer intensiveren Landwirtschaft aufnehmen konnte. Diese Veränderungen führten dazu, dass sich die Zahl der Bauernstellen reduzierte. Abgesehen von der Tatsache, dass für viele Römer keine wirtschaftliche Grundlage mehr vorhanden war, schwächte die Verringerung der Bauernstellen das römische Wehrpotenzial. So sank die Zahl der Wehrfähigen nach 163 v. Chr. allmählich ab.

Die Gracchen

Das größte Problem und Konfliktpotenzial bildeten in der Mitte des 2. Jahrhun-

↑ *Römisches Gastmahl*

derts die zahlreichen landlosen römischen Bauern, die über keine alternativen Ernährungs- und Einkommensmöglichkeiten verfügten. Diese ständig wachsende Gruppe drängte den römischen Staat, eine Lösung ihres Problems zu finden. Während sich der Senat für die Anliegen der Landlosen als taub erwies, weil es die bestehenden Besitzverhältnisse gefährdete, versuchte der Volkstribun Tiberius Sempronius Gracchus am Ende des 2. Jahrhunderts v. Chr. eine Landreform auf den Weg zu bringen.

Es sollte eine Obergrenze für den Besitz an Gemeindeland festgelegt werden. Alles Land, das ein Großgrundbesitzer darüber hinaus besaß, sollte an den Staat fallen.

↑ *Villa des*
  jüngeren Plinius

→   *Die gracchischen*
    Unruhen

Dieser sollte das Land dann an die landlosen Bürger und Soldaten verpachten. Es versteht sich von selbst, dass die Großgrundbesitzer gegen dieses Gesetz waren und ihren Einfluss geltend machten, um es zu verhindern. So sorgten sie dafür, dass der zweite Volkstribun Marcus Octavius auf der Volksversammlung sein Veto gegen das Gesetz von Tiberius Gracchus einlegte und dadurch dessen Verabschiedung verhinderte. Tiberius Gracchus ließ sich davon aber nicht entmutigen und verfolgte konsequent seinen Weg. Er ließ Marcus Octavius kurzerhand von der Volksversammlung abwählen, die das Gesetz nun verabschieden konnte. Tiberius Gracchus begründete seinen Vorstoß damit, dass Marcus Octavius mit seinem Veto gegen die Interessen des Volkes gehandelt hätte. Und er ging noch weiter. Er ließ das Erbe von König Attalos III. von Pergamon beschlagnahmen, um sein Vorhaben zu finanzieren. Attalos, der als Sonderling galt und angeblich bei der Arbeit an einem Denkmal für seine Mutter an einem Sonnenstich starb, hatte verfügt, dass nach seinem Tod sein Königreich an Rom fallen sollte. Dieses Erbe riss Tiberius Gracchus nun an sich, um es an das römische Volk zu verteilen.

Kurze Zeit später bewarb er sich um seine Wiederwahl als Volkstribun, was das römische Gesetz allerdings verbot. Am Wahltag kam es zu einem Tumult und Straßenkampf, bei dem Tiberius Gracchus und etwa 300 seiner Anhänger getötet wurden.

Mit dem Tod von Tiberius Gracchus war der Versuch einer Landreform im Römischen Reich zunächst gescheitert. Auch ein weiterer Versuch seines Bruders Gaius Gracchus, eine Landreform durchzusetzen, scheiterte. Im Jahr 121 v. Chr. wurde er gewaltsam aus Rom vertrieben. Auf der Flucht ließ er sich durch einen Sklaven töten, als er keinen anderen Ausweg aus seiner Lage mehr sah. Die landlosen römischen Bürger und entlassenen Soldaten blieben somit trotz der Bemühungen der Gracchen weiterhin ohne bedeutende Existenzgrundlage.

Die Auseinandersetzungen zwischen den Gracchen und dem römischen Senat bildeten den Auftakt einen größeren Konfliktes, der die römische Innenpolitik in den folgenden Jahrzehnten bestimmen sollte. Dabei handelte es sich um den Gegensatz zwischen den Anhängern einer Senatsherrschaft und den Vertretern einer durch Plebiszite bestimmten Politik. Tiberius Gracchus stand somit am Anfang einer Entwicklung, die in den römischen Bürgerkrieg und schließlich zum Prinzipat des Augustus führte.

Die Sklavenaufstände

Neben dem Problem der Landlosigkeit wurde das aufstrebende Römische Reich im 2. Jahrhundert v. Chr. innenpolitisch noch vor ein weiteres Problem gestellt. Durch die zahlreichen Kriege waren mehrere Hunderttausend Menschen als Sklaven ins Römische Reich gebracht worden, die mit ihrer Situation verständlicherweise höchst unzufrieden waren. Ab dem Jahr 136 v. Chr. kam es zu mehreren Sklavenaufständen in Italien und Kleinasien. Der berühmteste Sklavenaufstand fand in den Jahren 73 bis 71 v. Chr. statt und wurde von einem Sklaven namens Spartakus angeführt.

Spartakus floh im Jahr 73 v. Chr. aus einer Gladiatorenschule in Capua und sam-

Gladiatoren →

↓ *Tod des Spartakus*

melte in der Folgezeit weitere Sklaven sowie verarmte, landlose Bauern um sich. Schließlich konnte er ein regelrechtes Sklavenheer um sich vereinigen, das mehrere Schlachten mit römischen Legionen siegreich bestritt. Im heutigen Modena (Mutina) schlug er ein römisches Heer mit etwa 10.000 Mann. Schließlich wendete sich das Blatt jedoch und Spartakus wurde in mehreren Schlachten geschlagen und nach Süden abgedrängt. In einer letzten Schlacht gegen die römischen Legionen unter der Führung von Marcus Licinius Crassus im Jahr 71 v. Chr. wurde Spartakus getötet und sein Heer vollständig aufgerieben. Etwa 6.000 gefangene Sklaven wurden anschließend entlang der Via Appia zwischen Rom und Capua gekreuzigt.

Die wachsende Bedeutung der römischen Armee

Im 2. Jahrhundert v. Chr. befand sich die römische Armee allgemein in einem eher schlechten Zustand. Die Truppe war wenig motiviert und die römischen Offiziere häufig bestechlich. Besonders deutlich zeigte sich dieses Problem im Jahr 112 v. Chr., als der numidische König Iugurtha gegen römische Kaufleute vorging und damit Rom zum Eingreifen provozierte. Bereits kurz darauf wurde ein römisches Heer nach Afrika gesandt, das allerdings innerhalb kürzester Zeit besiegt, gefangen und unter einem Joch hindurchgeführt wurde. Erst aufgrund dieser Schmach unternahmen die Römer größere Anstrengungen, um König Iugurtha zu besiegen. Dies gelang allerdings erst dem römischen Konsul Gaius Marius im Jahr 105 v. Chr. König Iugurtha

wurde im Triumph durch Rom geführt und anschließend hingerichtet.

Aufgrund der oben beschriebenen Erfahrungen machte sich Gaius Marius an die Reform der römischen Armee und schuf damit die Grundlage für ihre zukünftige Bedeutung als Machtfaktor inner- und außerhalb des Reiches. Außerdem ebnete er den Weg hin zu einer römischen Militärmonarchie. Eine der zentralen Maßnahmen von Gaius Marius war die Einteilung der Legion in zehn Kohorten und die Abschaffung der alten Manipeleinteilung. Außerdem wurden Ausbildung und Ausrüstung der Soldaten verbessert. Eine bedeutende Veränderung mit weitreichender Wirkung war, dass der Staat nun die Ausrüstung der Soldaten finanzierte, die selbst vermögenslos waren. Im Heerdienst hatten diese Personen nun die Möglichkeit, Beute zu machen und sich später die Anwartschaft auf ein kleines Landgut als Altersversorgung zu erwerben. Damit wurden die Soldaten nun aber sehr stark vom jeweiligen Feldherrn und dessen militärischen Erfolgen abhängig.

Im Jahr 113 v. Chr. drangen die germanischen Stämme der Kimbern und Teutonen über die Donau nach Süden vor. Es kam zu mehreren Schlachten, die die Römer verloren. Erst als beide Stämme getrennt Richtung Nordafrika vordrangen, kam es in den Jahren 102 und 101 v. Chr. zu weiteren Schlachten, die die Römer für sich entscheiden konnten. Nach dem Sieg gegen die Germanen versuchte Gaius Marius seine Soldaten mit Land zu versorgen, was allerdings auf den Widerstand des Senats traf. Es kam zu einer Auseinandersetzung, in dessen Verlauf Gaius Marius Rom verließ und nach Kleinasien ins Exil ging.

↑ *Römische Truppen marschieren über eine Schiffsbrücke.*

→
*Einfall der
Kimbern in
das Römische
Reich*

Der Bundesgenossenkrieg

Im Jahr 91 v. Chr. kam es zum Bundesgenossenkrieg, bei dem sich mehrere italienische Stämme, die eigentlich Verbündete der Römer waren, gegen Rom erhoben. Der Grund für den Krieg war die Verweigerung Roms, den Italikern das römische Bürgerrecht zu verleihen. Außerdem griffen römische Beamte wiederholt in die inneren Verhältnisse der Bundesgenossen ein.

Das römische Bürgerrecht war insofern von großer Bedeutung, als es das aktive Wahlrecht in den Volksversammlungen oder die Wählbarkeit zu Staatsämtern ermöglichte. Außerdem waren mit dem Bürgerrecht weitere Privilegien, wie das Recht, Geschäftsverträge abschließen zu können, oder das Recht, vor Gericht klagen zu dürfen, verbunden.

Im Römischen Reich erhielten die eroberten Gebiete einen unterschiedlichen Rechtsstatus. Dieser reichte von der Vertreibung oder Versklavung der Einwohner bis hin zu einer vollständigen Eingliederung in den römischen Staat mit der Verleihung des römischen Bürgerrechts. Die römischen Gemeinden, die das Bürgerrecht nicht besaßen, strebten es in der Regel an – im Fall des Bundesgenossenkriegs sogar mit Gewalt.

Die italienischen Bundesgenossen konnten in dem mehrjährigen Krieg von den Römern nicht besiegt werden. Schließlich war Rom gezwungen, im Jahr 89 v. Chr. allen Bewohnern Italiens südlich des Pos das römische Bürgerrecht zu verleihen. Erst dann ebbten die Kämpfe allmählich ab. Für die Italiker bedeutete die Verleihung des römischen Bürgerrechts die Entstehung eines stärkeren italienischen Gemeinschaftsgefühls, das letztendlich dem gesamten Reich zugutekam.

Lucius Cornelius Sulla

Noch im 1. Jahrhundert v. Chr. war die Kontrolle Roms über die bis dahin eroberten Gebiete wenig stabil. Es drohte immer die Gefahr, dass eine zeitweise Schwäche Roms von Feinden ausgenutzt würde. So hatten während des Bundesgenossenkriegs König Mithridates VI. Eupator von Pontos und sein Schwiegersohn König Tigranes II. von Armenien die Gelegenheit genutzt und die römische Provinz Asia angegriffen und erobert. Dabei sollen Tausende von römischen Zivilisten ermordet worden sein. Da Griechenland zu diesem Zeitpunkt noch nicht wirklich in das Römische Reich integriert war, konnte König Mithridates VI. Eupator von Pontos schließlich auch noch ganz Griechenland unter seine Herrschaft bringen.

Die Niederschlagung des griechischen Aufstandes wurde in die Hände von Lucius Cornelius Sulla gegeben, der mit Sicherheit zu den interessantesten Gestalten der römischen Antike gehört. Lucius Sulla entstammte der patrizischen Familie der Cornelier. Aus seiner Jugend ist bekannt, dass seine Mutter früh starb und er von einer Amme aufgezogen wurde. Später soll er mit freigelassenen Sklaven in einem Mietshaus gelebt haben. In seiner Jugend pflegte er Umgang mit Schauspielern und Gauklern und hatte ein Verhältnis mit einer Prostituierten. Erst nach dem Tod seiner Stiefmutter hatte Sulla genug Geld, um ein standesgemäßes Leben führen zu können.

↑ *Sulla dankt ab.*

Lucius Sulla war ein Vertreter des konservativen Adels und kämpfte für die Vorherrschaft des Senats. Sein Ziel war die Schwächung der Volksherrschaft und deren politischer Institutionen, insbesondere der Volksversammlung und des Volkstribunats. Im Bundesgenossenkrieg hatte Lucius Sulla sein erstes militärisches Kommando erhalten. Er war der erste römische Feldherr, der seine Armee zur Durchsetzung seiner Interessen gegen den Staat mobilisierte. Als man ihm ein zugewiesenes Kommando wieder entzog, marschierte er gegen Rom. Dort ließ er seine Gegner ächten und ihre Maßnahmen wieder zurücknehmen.

Im Jahr 88 v. Chr. war Lucius Sulla dann aus innenpolitischen Gründen gezwungen, einen Feldzug gegen König Mithridates VI. Eupator von Pontos zu unternehmen und den griechischen Aufstand niederzuschlagen, was ihm beides dann auch gelang. Als seine Abwesenheit in Rom von seinen politischen Gegnern genutzt wurde, um die Regierungsgewalt an sich zu reißen, kam es zum Bürgerkrieg. Nachdem Lucius Sulla diesen für sich entscheiden konnte, ließ er sich zum Diktator ernennen.

Nun ging Lucius Sulla konsequent gegen seine Gegner vor und setzte seine politischen Pläne in die Tat um. Er ließ viele Hundert Senatoren und Ritter ächten und ihr Vermögen einziehen. Außerdem beschnitt er die Rechte der Volkstribune und übertrug dem Senat wieder das alleinige Gesetzgebungsrecht. Als Lucius Sulla sein Reformwerk im Jahr 79 v. Chr. als erledigt ansah, zog er sich aus der Politik zurück. Seine Neuordnung hatte keine zehn Jahre bestand. Dann wurde sie von seinen Nachfolgern wieder rückgängig gemacht. Im Jahr 70 v. Chr. konnten beispielsweise die Rechte der Volkstribunen wiederhergestellt werden.

Das Erste Triumvirat

Nach dem Tod von Lucius Sulla brandete der Kampf zwischen den Vertretern der Senatsherrschaft und denen der Volksherrschaft wieder auf. Zugleich kam es in Spanien zur Machtergreifung durch den Statthalter Quintus Sertorius und in Süditalien zu einem Aufstand der Sklaven unter Spartakus. Durch die genannten Ereignisse war der Bestand des Reiches ernsthaft bedroht. Um die Krise zu überwinden, beauftragte der römische Senat den Politiker und Feldherrn Gnaeus Pompeius mit der Niederschlagung des spanischen Aufstandes. Diesem gelang es, Sertorius in einem zweijährigen verlustreichen Kampf im Jahr 71 v. Chr. zu besiegen. Während Gnaeus Pompeius in Spanien kämpfte, hatte Mar-

cus Licinius Crassus den Sklavenaufstand des Spartakus blutig niedergeschlagen. Beide Feldherren wurden im Jahr 70 v. Chr. zu Konsuln ernannt und machten die Beschlüsse Lucius Sullas teilweise wieder rückgängig. Von besonderer Bedeutung war in diesem Zusammenhang die Wiederherstellung des alten Volkstribunats. In der Folgezeit konnte Gnaeus Pompeius weitere militärische Erfolge für sich verbuchen, die das Ansehen und die Macht seiner Person weiter stärkten. So kämpfte er im Jahr 67 v. Chr. erfolgreich gegen das Piratenunwesen im Mittelmeer, bevor er ein Jahr später gegen Mithridates VI. von Pontus in den Dritten Mithridatischen Krieg zog. Auch hierbei war Pompeius wieder äußerst erfolgreich. Er vertrieb Mithridates aus Kleinasien und rückte in Armenien ein. Außerdem gelang ihm die Eroberung von Syrien.

Nach seinen militärischen Triumphen entließ Gnaeus Pompeius sein Heer und zog alleine in Rom ein, wo er sich für seine Erfolge feiern ließ. Allerdings forderte auch er nun die Entlohnung seiner Soldaten, das heißt vor allem die Zuteilung von Land. Dies wurde vom Senat abgelehnt. Die Vergabe von Land in Italien hätte die bestehenden Besitzverhältnisse gefährdet. In dieser Situation, in der keine Einigung mit dem Senat möglich war, schloss Gnaeus Pompeius ein Bündnis mit Marcus Licinius Crassus und Gaius Iulius Caesar. Das Triumvirat sollte vor allem die Versorgung der Soldaten des Pompeius regeln und verschiedene Maßnahmen ratifizieren, die Pompeius im Osten durchgeführt hatte. Alle drei versprachen sich von dem Bündnis eine Stärkung der eigenen Position. Dabei war

Der Gallische Krieg

↑ *Die Triumvirn und die Proskriptionen*

Im Jahr 58 v. Chr. nahm das Triumvirat einen innergallischen Konflikt, in den zudem ein germanischer Stamm unter dem Fürsten Ariovist eingriff, als Vorwand, um Gaius Caesar ein umfassendes außerordentliches militärisches Kommando zu geben. Das Triumvirat sicherte sich damit die Rückendeckung durch eine in der Nähe Italiens stehende Armee und bot Gaius Caesar zudem die Möglichkeit, sich Macht und zusätzliche Einkünfte zu sichern. Dass dies mit der Eroberung Galliens bis zum Rhein enden würde, konnten seine beiden Mitstreiter dabei sicherlich nicht ahnen. Gaius Caesar aber bekam seine Chance und nutzte sie, indem er mit seinen Truppen nach Gallien marschierte.

In der Folgezeit trieb er Ariovist wieder nach Germanien zurück. Dabei kam es zu einer großen Schlacht, bei der angeblich 80.000 Germanen getötet wurden. Es folgten weitere Auseinandersetzungen mit germanischen Stämmen, die über den Rhein nach Gallien vorgedrungen waren. Gaius Caesar selbst drang mit seinen Legionen schließlich sogar bis über den Rhein hinaus, tief nach Germanien vor. Am Rhein kam es dabei nochmals zu einer größeren militärischen Auseinandersetzung mit dem germanischen Stamm der Eburonen, der fast vollständig vernichtet wurde. Andere Stämme, wie beispielswei-

ein Grundsatz der Vereinbarung, dass keiner der Bündnispartner gegen die Interessen eines anderen verstoßen durfte. Der Plan ging zunächst auf. Dem Triumvirat gelang es, seine Herrschaft ungestört auszuüben und gemeinsame Interessen durchzusetzen.

Für Gaius Caesar hatte der Zusammenschluss mit Gnaeus Pompeius und Marcus Grassus zunächst eine Reihe von positiven Folgen. Er wurde im Jahr 59 v. Chr. Konsul und setzte gegen den Widerstand des Senats die Maßnahmen des Triumvirats durch. Nach seiner Amtszeit war er Prokonsul in den römischen Provinzen Gallia Narbonensis sowie Illyricum. In beiden Provinzen waren insgesamt fünf römische Legionen stationiert, die Gaius Caesar nun zur Verfügung standen.

se die Ubier, verbündeten sich dagegen mit den Römern. Neben seinem Vorstoß nach Germanien drang Gaius Caesar zweimal über den Ärmelkanal nach Britannien vor, das er für kurze Zeit unter römische Kontrolle brachte.

Ein letzter großer Aufstand der Gallier gegen Rom fand im Jahr 52 v. Chr. statt. Vercingetorix, der Fürst der Arverner, versammelte noch einmal zahlreiche gallische Stämme unter seinem Kommando. Es kam zum Kampf, den Gaius Caesars Truppen aber nach relativ kurzer Zeit für sich entscheiden konnten. Vercingetorix wurde gefangen genommen, im Triumphzug durch Rom geführt und schließlich erdrosselt.

Mit der Niederschlagung des letzten gallischen Aufstandes endete der Gallische Krieg mit einem römischen Sieg. Für Gallien selbst hatte der Krieg große Verwüstungen mit sich gebracht. Etwa die Hälfte der Einwohner war getötet, vertrieben oder versklavt worden. Da die Grenze nach Germanien von Gaius Caesar nicht wirklich gesichert worden war, kam es in der Folgezeit wiederholt zu germanischen Einfällen nach Gallien. Diese konnten von den Römern teilweise nur mit großen Verlusten an Menschen und Material zurückgedrängt werden. Das Interesse Roms an Gallien und Germanien nahm nach dem Gallischen Krieg aber zunächst wieder ab, da nun die Auseinandersetzungen innerhalb des Triumvirats in den Vordergrund rückten. So kümmerten sich auch die gallischen Statthalter in der Folgezeit mehr um die Ereignisse in Italien als um die weiteren Geschehnisse und Entwicklungen in Gallien.

Gaius Iulius Caesar und Gnaeus Pompeius

Im Jahr 56 v. Chr., während die Auseinandersetzungen in Gallien noch andauerten, wurde auf Gaius Caesars Initiative hin eine Verlängerung des Triumvirats beschlossen. Nun übernahmen Marcus Crassus und Gnaeus Pompeius das Konsulat und die drei Verbündeten teilten die wichtigsten Provinzen des Reiches unter sich auf. Gaius Caesar erhielt Gallien und Illyrien, Marcus Crassus erhielt Syrien und Gnaeus Pompeius Spanien. Allerdings konnte das Bündnis nun nur noch mühsam aufrechterhalten werden, da die individuellen Interessen der Bündnispartner mehr und mehr in den Vordergrund traten. Das war vor allem nach dem Tod von Marcus Crassus der Fall,

↑ *Gaius Iulius Caesar*

↑ *Caesar auf dem Weg in den Senat*

der im Jahr 53 v. Chr. im Kampf gegen die Parther gefallen war.

Auch der Senat sah seine Stunde gekommen und versuchte nun einen Keil zwischen die beiden übrig gebliebenen Verbündeten zu treiben, indem er Gnaeus Pompeius das Konsulat ohne Kollegen anbot. Dieser ergriff die sich bietende Möglichkeit, da er aufgrund der militärischen und politischen Erfolge Gaius Caesars um seine Vormachtstellung fürchtete. Als Gaius Caesar schließlich im Jahr 49 v. Chr. abberufen wurde, reagierte er sofort und marschierte mit seinen Truppen nach Italien.

Obwohl Gnaeus Pompeius über das größere politische und militärische Potenzial verfügte, hatte er Gaius Caesar zunächst nichts entgegenzusetzen. Stattdessen war er gezwungen, sich mit seinen Anhängern nach Griechenland zurückzuziehen, um von dort seinen Gegenschlag zu planen. Gaius Caesar ging von Anfang an sehr schnell und außergewöhnlich zielstrebig vor, so dass Gnaeus Pompeius kaum Zeit hatte, seine Kräfte für den Gegenschlag zu sammeln. So erließ er unmittelbar nach der Besetzung Roms eine Amnestie für alle politischen Gegner und sicherte sich Sizilien als wichtige Getreidebasis. Anschließend ließ er sich zum Konsul wählen und marschierte mit seinen Legionen nach Griechenland, wo er Gnaeus Pompeius im Jahr 48 v. Chr. in einer Entscheidungsschlacht besiegte. Diesem gelang zwar noch die Flucht nach Ägypten, jedoch wurde er dort im Auftrag von König Ptolemaios XIII.

ermordet, der sich in dem Konflikt auf die Seite Gaius Caesars gestellt hatte.

Als Gaius Caesar mit einem kleinen Kontingent seiner Truppen in Ägypten ankam, war Gnaeus Pompeius bereits tot. Bevor Gaius Caesar wieder abziehen konnte, verliebte er sich in Kleopatra, die Schwester des Königs, und machte diese zur Mitkönigin. Damit löste er allerdings einen Aufstand der Ägypter gegen sich aus, die die römischen Truppen in Alexandria einschlossen. Dort konnte er sich aber so lange verteidigen, bis Verstärkung aus Kleinasien eintraf. In der Folgezeit wurden die ägyptischen Truppen geschlagen, König Ptolemaios getötet und Kleopatra von Gaius Caesar zur Alleinherrscherin gemacht.

In der Folgezeit kam es noch zu weiteren militärischen Auseinandersetzungen zwischen den Anhängern Gnaeus Pompeius' und Gaius Caesar, die Letzterer aber alle für sich entscheiden konnte. Im Jahr 46 v. Chr. war Gaius Caesar dann der alleinige und uneingeschränkte Herrscher Roms.

Caesar ließ sich das Amt des Konsuls für die nächsten zehn Jahre übertragen, ebenso verschiedene weiter Ämter und Privilegien, die ihn de facto zum König machten. Trotz seiner Macht achtete Gaius Caesar darauf, zumindest den Anschein einer Senatsherrschaft aufrechtzuerhalten. Obwohl Senat und Volksversammlung weiter bestehen blieben, besaßen sie keinerlei Macht mehr. Auch bemühte sich Gaius Caesar sehr darum, das römische Volk auf seine Seite zu ziehen. Die Liste der Maßnahmen, die er dazu ergriff, ist lang. Er errichtete Veteranenkolonien für seine Soldaten, unterstützte römische Bürger finanziell oder schaffte Arbeitsplätze durch die Errichtung öffentlicher Bauten.

Obwohl sich Gaius Caesar durch seine Maßnahmen sicherlich viele Sympathien einbrachte, existierte weiterhin eine Gruppe von mehr oder weniger einflussreichen Bürgern, die die Herrschaft des Senats wiederherstellen wollten. Dazu gehörten Gaius Cassius und Marcus Iunius Brutus, die Gaius Caesar am 15. März 44 v. Chr. im Theater des Pompeius ermordeten. Die Verschwörer versäumten aber, dessen Mitkonsul Marcus Antonius ebenfalls zu beseitigen. Dies soll Marcus Brutus selbst verhindert haben. Marcus Antonius konnte nach dem Mord an Gaius Caesar schnell die Initiative übernehmen und gegen Gaius Cassius und Marcus Brutus vorgehen. Er wiegelte das Volk dabei geschickt gegen die Caesarenmörder auf, die schon bald aus Rom fliehen mussten. Marcus Antonius stand kurz davor, den Platz Gaius Caesars einzunehmen, als dessen Testament veröffentlicht wurde. Dort hatte dieser seinen Großneffen Gaius Octavius zu seinem Nachfolger gemacht. Dieser brach daher nun nach Rom auf, wo er sich mit dem Senat gegen Marcus Antonius verbündete. Er brachte die Soldaten Gaius Caesars schnell auf seine Seite und ließ sich vom Senat zum Konsul ernennen. Anschließend ging er gegen die Mörder Gaius Caesars vor.

Gaius Octavius und Marcus Antonius

Im Jahr 43 v. Chr. schlossen Gaius Octavius, Marcus Antonius und Marcus Aemilius Lepidus das Zweite Triumvirat. Die Ziele der Verbündeten waren die Beseitigung der Caesarenmörder und die Zerschla-

↑ *Ermordung des Pompeius*

gung der republikanischen Gruppe. Man marschierte in Rom ein, wo 300 Senatoren und etwa 2.000 Ritter hingerichtet wurden. Im folgenden Jahr kam es dann zur großen Schlacht zwischen den Legionen von Gaius Octavius und Marcus Antonius auf der einen Seite und den Legionen von Gaius Cassius und Marcus Brutus auf der anderen Seite. Letztere unterlagen und verübten Selbstmord. Die Sieger teilten das Römische Reich in Interessengebiete auf, die sie dann sogleich übernahmen. Der Westen des Reiches mit Italien fiel an Gaius Octavius, der Osten an Mar-

cus Antonius und der Süden mit Afrika ging an Marcus Lepidus.

Obwohl Gaius Octavius die undankbare Aufgabe erhielt, den entlassenen Soldaten der römischen Armee in Italien Land zuzuweisen, erwies es sich letztendlich als Vorteil, mit Italien das Zentrum des Reiches zu kontrollieren. Marcus Antonius war dagegen im Osten gebunden, wo er sich um die Stabilisierung der römischen Herrschaft kümmern musste. Auch das Zweite Triumvirat endete mit der militärischen Auseinandersetzung zwischen Gaius Octavius und Marcus Antonius, die

Ersterer im Jahr 30 v. Chr. mit der Eroberung Ägyptens für sich beendete. Marcus Antonius war dorthin geflohen und war ein Bündnis mit Königin Kleopatra eingegangen. Beide nahmen sich nach der Einnahme Alexandriens das Leben.

Das Prinzipat

Mit dem Bürgerkrieg und dem Sieg von Gaius Octavius endete die römische Republik. An ihre Stelle trat das Prinzipat, das sich allmählich zur Monarchie wandelte. Die Besonderheit des Prinzipats war die Aufrechterhaltung einer republikanischen Fassade bei gleichzeitiger Herrschaft eines Einzelnen. Trotzdem war die Kaiserwürde nicht erblich, sondern blieb immer ein Ausnahmeamt.

Nach seinem Sieg über Marcus Antonius und seine Widersacher legte Gaius Octavius im Jahr 27 v. Chr. seine Vollmachten wieder zurück in die Hände des Senats und des Volkes. Bis zum Jahr 23 v. Chr. erhielt er jedes Jahr das Konsulat zugesprochen. Außerdem erhielt er für die noch nicht befriedeten Provinzen für zehn Jahre ein außerordentliches Kommando. Alle übrigen Provinzen gingen wieder in die Hand des Senats über. Dafür verlieh dieser Gaius Octavius den Ehrennamen Augustus (der Erhabene).

Später gab Augustus das Amt des Konsuls auf und verzichtete überhaupt auf die Ausübung von Ämtern. Stattdessen verlieh ihm der Senat die Befugnisse des Konsulats sowie verschiedene Amtsrechte. Damit war der neuen kaiserlichen Macht eine institutionelle Grundlage gegeben.

Für das römische Volk stellte sich die Sache folgendermaßen dar: Augustus hatte den Bürgerkrieg beendet und die alte

↓ *Grabmal des Augustus*

Augustus →

Ordnung wiederhergestellt. Außerdem hatte er für Frieden und Eintracht gesorgt. Schließlich hatte Augustus Tempel wieder aufgebaut und alte Kulte wieder erneuert. Als Folge kam es zu einer religiösen Verehrung des Augustus durch die Aufstellung von ihm geweihten Altären.

Nach der Sicherung seiner Macht ging Augustus an die Arrondierung des Römischen Reiches. Dieses riesige geografische Gebilde war nach keinem einheitlichen Plan entstanden, sondern eine Folge militärischer Herausforderungen durch zahlreiche Gegner. Aus diesem Grund besaß das Reich nur schlecht zu verteidigende Grenzen. Augustus versuchte die Grenzen nun so zu verlagern, dass das Reich leichter zu schützen war. Aus diesem Grund erfolgten unter Augustus beispielsweise die Unterwerfung der Alpen und die Einbeziehung des Voralpenraums unter römische Kontrolle. Außerdem gelang unter Augustus die Unterwerfung des Balkans bis zur Donaugrenze. Beide Maßnahmen sicherten Italien, das Kernland des Reiches, nun endlich gegen feindliche Einfälle ab. Die Sicherung der Grenze in Germanien gelang Augustus dagegen nicht. Auch die Gründung von zivilen Verwaltungsstrukturen misslang. Die militärische Niederlage von Quinctilius im Jahr 9 n. Chr. gegen Arminius führte letztlich zur Aufga-

↓ *Germanicus bestattet die Gebeine der unter Varus gefallenen römischen Soldaten.*

be der direkten Eroberung Germaniens.

Da sich das römische Milizheer nicht eignete, um den römischen Machtbereich wirksam zu sichern, wurde an seiner Stelle das Berufsheer eingeführt. Dadurch wurde auch das Problem der demobilisierten Soldaten behoben, die nach den Kriegen nicht mehr gebraucht wurden und versorgt werden mussten, was die politische Stabilität des Reiches immer wieder in Gefahr gebracht hatte. Mit dem stehenden Heer kam aber auch das Problem der Finanzierung auf, das ein rationelles Steuer- und Abgabensystem nötig machte.

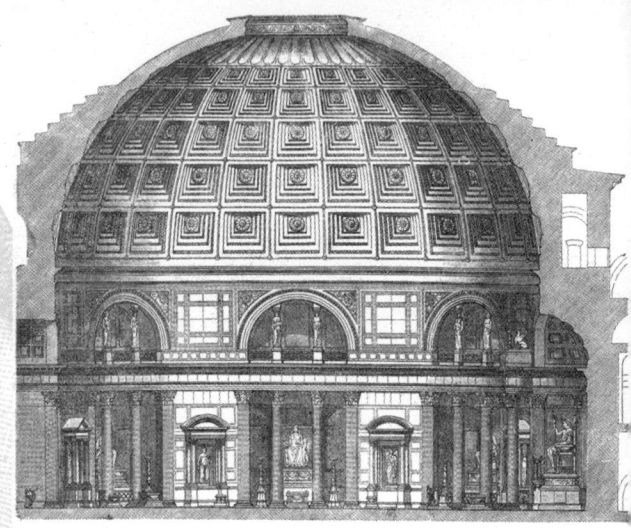

↑ *Das Pantheon in Rom im Querschnitt*

DIE RÖMISCHE KAISERZEIT

Die Kaiserzeit sicherte dem Römischen Reich bis zu Beginn des 3. Jahrhunderts n. Chr. Frieden und einen relativen Wohlstand. Allerdings barg die Besonderheit des römischen Kaisertums immer die Gefahr, dass das Ausscheiden eines Kaisers einen Kampf um die Nachfolge mit sich brachte. Tatsächlich wurde die Herrschaftsnachfolge in der oben genannten Zeit zweimal durch einen Bürgerkrieg entschieden. Für alle römischen Kaiser war es zudem auch eine Herausforderung, das sensible Bündnis mit dem Senat nicht durch unüberlegtes Verhalten zu gefährden.

Nach Augustus' Tod wurde Tiberius Claudius Nero sein Nachfolger. Augustus hatte Tiberius adoptiert, so dass dieser gewissermaßen auch als nächster Kaiser fest-

↓ *Tiberius und Nero*

↑
*Rom zur Zeit
des Kaisers
Aurelianus*

→
*Innenansicht
und Grundriss
der aurelia-
nischen Mauer
in Rom*

Die severische Dynastie

Die severische Dynastie herrschte mit einjähriger Unterbrechung von 193 bis 235 n. Chr. und umfasste insgesamt fünf Kaiser. Die letzten beiden Kaiser der severischen Dynastie waren allerdings keine direkten Nachfahren ihres Vorgängers, sondern Enkel einer syrischen Schwägerin. Aus diesem Grund wird von den beiden auch von den syrischen Kaisern gesprochen.

Nach dem Tod von Septimius Severus übernahmen seine beiden Söhne Marcus Aurelius Severus Antonius (Caracalla) und Publius Septimius Geta gemeinsam die Macht. Allerdings hatten beide es zuvor versäumt, die gegenseitigen Machtansprüche zu verhandeln, so dass es nun zum offenen Kampf um die Macht kam. Bereits einige Monate nach ihrem Machtantritt ließ

Caracalla seinen Bruder ermorden und tötete zahlreiche seiner Anhänger. Insgesamt sollen es etwa 20.000 Menschen gewesen sein. Durch seine Taten schädigte Caracalla sein Ansehen sehr, trotzdem gelang es ihm, seine Herrschaft durch sein brutales Vorgehen gegen tatsächliche oder vermeintliche Gegner zu sichern. Dabei stützte er sich auf seine Prätorianer sowie auf Spitzel und Informanten. Im Jahr 217 n. Chr. wurde Caracalla schließlich selbst ermordet. Initiator des Mordattentats war der damalige Kommandant der Prätorianergarde Marcus Opellius Macrinus, der anschließend selbst für kurze Zeit Kaiser wurde, bevor sich die Severiner in Person von Marcus Aurelius Antonius (Elagabal) durch eine Militärrevolte nochmals an die Macht bringen konnten.

Die Krise des 3. Jahrhunderts

Marcus Aurelius Severus Alexander, der letzte Herrscher der severischen Dynastie, starb ebenfalls eines gewaltsamen Todes. Er hatte sich den Unmut seiner Soldaten zugezogen, als er einen Krieg im Osten führte, für den er die Sicherung der Rhein- und Donaugrenze aufgab. Als die aus den römischen Provinzen an Rhein und Donau stammenden römischen Soldaten in den Osten des Reiches verlegt wurden, führte das zu einer großen Unzufriedenheit. Die Soldaten waren nicht gewillt, ihre Heimatprovinzen zu verlassen, da sie dann ihre Familien und ihren Besitz nicht schützen konnten. Weitere Maßnahmen des Kaisers steigerten seine Un-

Caracalla ↑

Bäder des Caracalla →

Palast des Marcus Aurelius Diocletianus ↑

beliebtheit und führten zu dem bereits erwähnten gewaltsamen Tod. Als neuen Kaiser ernannten die Soldaten schließlich den ritterlichen Offizier Maximinus Thrax, der ihnen zuvor eine Verdoppelung des Soldes und großzügige Sonderzahlungen versprochen hatte. Mit ihm begann die Herrschaft der sogenannten Soldatenkaiser, die allesamt Berufssoldaten waren. Die Kette der Usurpationen und Bürgerkriege riss bis 285 n. Chr. nicht mehr ab.

Die Krise des 3. Jahrhunderts, die sich innenpolitisch hauptsächlich in dem Verlust der stabilisierenden Kraft des Kaisertums und der Herrschaft der Soldatenkaiser zeigte, war vor allem auf eine Verschlechterung der außenpolitischen Lage des Reiches zurückzuführen. Der Druck der zahlreichen germanischen Stämme oder auch der Perser im Osten auf die römischen Grenzen war enorm, so dass Rom diesem kaum standhalten konnte.

Die politisch-militärische Konzentration auf die Reichsgrenzen erleichterte die Erhebung der zahlreichen Kaiser und Gegenkaiser. Da die Legionen nur in ihren Heimatregionen kämpfen wollten, war eine zentrale Planung der Verteidigung kaum möglich. Es kam zu Gebietsverlusten sowie großflächigen Plünderungen und Verwüstungen. Außerdem entstanden verschiedene Sonderreiche, die sich aus dem römischen Staat herauslösten. Eines dieser Reiche war das gallische Sonderreich. Zwar konnten alle Sonderreiche letztendlich wieder beseitigt werden, trotzdem blieben die Verluste insgesamt hoch. Die Bevölkerung war von der Verschlechterung der außenpolitischen Lage unterschiedlich betroffen. Während einige römische Regionen unter Plünderung und Verwüstung sowie Verteuerung und Lebensmittelknappheit litten, erfreuten sich andere Regionen des Friedens und eines relativen Wohlstandes.

Das Römische Reich in der Spätantike

Im Jahr 285 v. Chr., als Kaiser Marcus Aurelius Diocletianus an die Macht kam, stand das Römische Reich ein weiteres Mal vor einer Reihe ungelöster Probleme. Die Grenzen des Reiches mussten gesichert werden, das Kaisertum musste wieder zum Garanten innerer Stabilität gemacht werden und das Steuer- und Abgabensystem bedurfte einer grundlegenden Reformation. Marcus Diocletianus und später Flavius Valerius Constantinus versuchten die Probleme des Reiches zu lösen.

Marcus Diocletianus führte die Tetrarchie (Viererherrschaft) ein, bei der sich vier

↑ *Eine Christin wird im Zirkus den wilden Tieren vorgeworfen.*

der Grenztruppen waren etwa 220.000 Mann als Eingreiftruppe im Hinterland stationiert. Diese ermöglichten es den Römern, noch im 4. Jahrhundert n. Chr. ihre Grenzen zu schützen, Gegenschläge zu führen und sogar noch größere Feldzüge zu starten.

Unter Marcus Diocletianus wurde auch das Steuersystem reformiert, was zu einer größeren Steuergerechtigkeit führte und die Willkür der Soldatenkaiserzeit beendete. Auch die Reichsadministration wurde neu strukturiert. So wurden die Provinzen verkleinert und ihre Gesamtzahl vergrößert. Dadurch konnte ihre Verwaltung deutlich erleichtert werden. Schließlich wurde der noch aus republikanischer Zeit stammende Verbund von ziviler und militärischer Verwaltung wieder getrennt.

Kaiser um die Regierung des Reiches kümmerten. Dabei waren die Teilkaiser jeweils für ein bestimmtes geografisches Gebiet zuständig. Dieses neue System sorgte für Stabilität, allerdings nur solange Diocletianus mit seiner Autorität an der Spitze stand. Als er im Jahr 305 n. Chr. zurücktrat, kam es zum Machtkampf zwischen den übrigen Kaisern, der in einen fast 20-jährigen Bürgerkrieg führte. Einer dieser Kaiser war Flavius Constantinus, der ab 324 n. Chr. als Alleinherrscher regierte.

Unter ihm wurde die Armee weiter ausgebaut. Neben den etwa 400.000 Soldaten

Der Kampf gegen das Christentum

Trotz seiner Reformbereitschaft sah Marcus Diocletianus eine Unvereinbarkeit von Christentum und römischer Lebensordnung. Daraus resultierte in seiner Herrschaftszeit eine blutige Verfolgung der Christen.

Erst unter Flavius Constantinus kam es zu einer entscheidenden Wende. Er stellte das Christentum allen anderen Religionen gleich. Damit gingen Kaiser und Kirche ein Bündnis ein, das Letztere vor Verfolgung schützte. Das Kaisertum erhielt durch die Verehrung der Christen dagegen eine sakrale Weihe. Der Versuch Kaiser Julians, das Heidentum als Staatsreligion wiederherzustellen, blieb nur eine kurze Episode, bevor Kaiser Theodosius schließlich den Vollzug heidnischer Opferriten unter Strafe stellte. Die Bekämpfung des Heidentums reichte aber trotz Strafandrohungen noch bis in das 6. Jahrhundert n. Chr.

In den römischen Städten hatten sich seit dem 2. Jahrhundert v. Chr. christliche Gemeinden unter der Leitung eines Bischofs gebildet. Unter Kaiser Constantinus wurde im Jahr 325 ein erstes Konzil einberufen, auf dem es um die Klärung einer innerchristlichen Glaubensfrage ging. Die Kirchenverfassung wurde in der Folgezeit an die Strukturen des Römischen Reiches angepasst. Beispielsweise wurden Kirchenprovinzen gegründet, die sich an den Reichsprovinzen orientierten. Der hohe Klerus, der aus den Einnahmen der Kirche finanziert wurde, entwickelte sich zu einer weiteren Führungsschicht. Die Einnahmen ergaben sich aus den Bodenrenten, Spenden und staatlichen Unterstützungen und wurden zu einem großen Teil auch für die Unterstützung von Bedürftigen verwendet.

Die Völkerwanderung

Mit der Völkerwanderung setzte im 4. Jahrhundert n. Chr. ein Auflösungsprozess ein, der das Ende des Römischen Reiches mit sich brachte. In dieser Zeit drangen große Stammesverbände an die römischen Grenzen. So baten die Westgoten im Jahr 376 n. Chr. um die Aufnahme ins Römische Reich, die ihnen auch gewährt wurde. Trotzdem kam es in der Folgezeit zu Aufständen und zu Plünderungen. Im Jahr 406 kamen innenpolitische Auseinandersetzungen und der Einfall mehrerer Stammesverbände hinzu, so dass Britannien von den Römern geräumt werden musste. Auch gelang den Goten im Jahr 410 n. Chr. die Eroberung und Plünderung Roms. Die Desintegration des Reiches setzte sich in den folgenden Jahrzehnten weiter fort. Immer wieder fielen Stammesverbände ins Reich ein und hinterließen eine Spur der Zerstörung. Im Jahr 476 n. Chr. wurde schließlich der letzte weströmische Kaiser, Romulus Augustulus, von seinem germanischen Heermeister abgesetzt. Der Osten des Römischen Reiches konnte seine territoriale Integrität noch länger verteidigen.

Römische Armee im Kampf gegen die Hunnen ↓

Darstellung des Grabmals der Caecilia Metella mit Blick auf die Stadtmauer Roms ↑

Das Ende

Trotz aller Krisen und Herausforderungen gelang den Herrschern im Osten eine Stabilisierung ihres Reiches. Auch konnte der Staatshaushalt so weit saniert werden, dass bereits wieder Reserven gebildet werden konnten. Unter diesen Voraussetzungen machte sich der oströmische Kaiser Justinian im 6. Jahrhundert n. Chr. an die Wiedereroberung des Westens. Zwar gelang ihm die Rückeroberung Nordafrikas, Italiens und Nordspaniens, doch erwiesen sich die neuen Gebiete eher als Belastung. Hinzu kam eine neue Welle der Völkerwanderung, so dass alle eroberten Gebiete nach kurzer Zeit wieder verloren gingen. Da das Oströmische Reich seine Ressourcen nicht beansprucht hatte, konnte es der Expansion der Perser und vor allem der Araber im folgenden Jahrhundert wenig entgegensetzen und verlor etwa zwei Drittel seiner Fläche. Eines Großteils seines Territoriums beraubt, bestand es allerdings als Byzantinisches Reich noch im Mittelalter weiter.

HERRSCHAFT UND VERWALTUNG

Der König

In der Frühzeit Roms regierte ein König. Nach dem Verständnis der Zeit wurde er mit der Zustimmung der Götter eingesetzt. Der König war oberster Heerführer, religiöses Oberhaupt und oberster Richter des Staates. Als beratendes Organ stand dem König der Senat zur Seite, die Versammlung der Ältesten. Außerdem die Priesterschaft, die den göttlichen Willen deutete und dem König sowie dem Volk mitteilte. Beide Institutionen berieten den König, hatten aber keine eigene Entscheidungsgewalt. Die Versammlung der Bürger war nach Sippenverbänden gegliedert und trat zweimal im Jahr zusammen. Dabei wurde über innere Angelegenheiten beraten sowie über Krieg und Frieden. Das römische Königtum existierte bis zum Jahr 509 v. Chr. Dann wurde der letzte römische König Tarquinius Superbus gestürzt und die römische Republik errichtet.

Nach der Abschaffung des Königtums und der Einführung der Republik stand zunächst der oberste Beamte an der Spitze des Staates, später die Konsuln. Diese übernahmen mit den übrigen Beamten die Regierung des römischen Staates. Um die Willkürherrschaft eines Einzelnen zu verhindern, wurde die Amtszeit der Magistrate auf ein Jahr begrenzt und jedes Amt doppelt besetzt. Die Einschränkung der Amtsgewalt ergab sich aus dem Gesetz und der Einspruchsmöglichkeit des Amtskollegen. Dieser konnte gegen eine Entscheidung Einspruch erheben. Als Berufungsinstanz dienten die Volksversammlungen.

Die Volksversammlungen

Das römische Volk wurde zu verschiedenen Anlässen zu Versammlungen zusammengerufen. Diese Anlässe betrafen religiöse, militärische oder politische Fragen. Ein Beispiel sind die Zenturiatskomitien (*comitia centuriata*), bei denen das römische Volk in 30 Kurien zusammenkam und über religiöse Dinge beriet. Eine andere Art der Volksversammlung stellten die *comitia curiata* dar, die militärischen Ursprungs waren

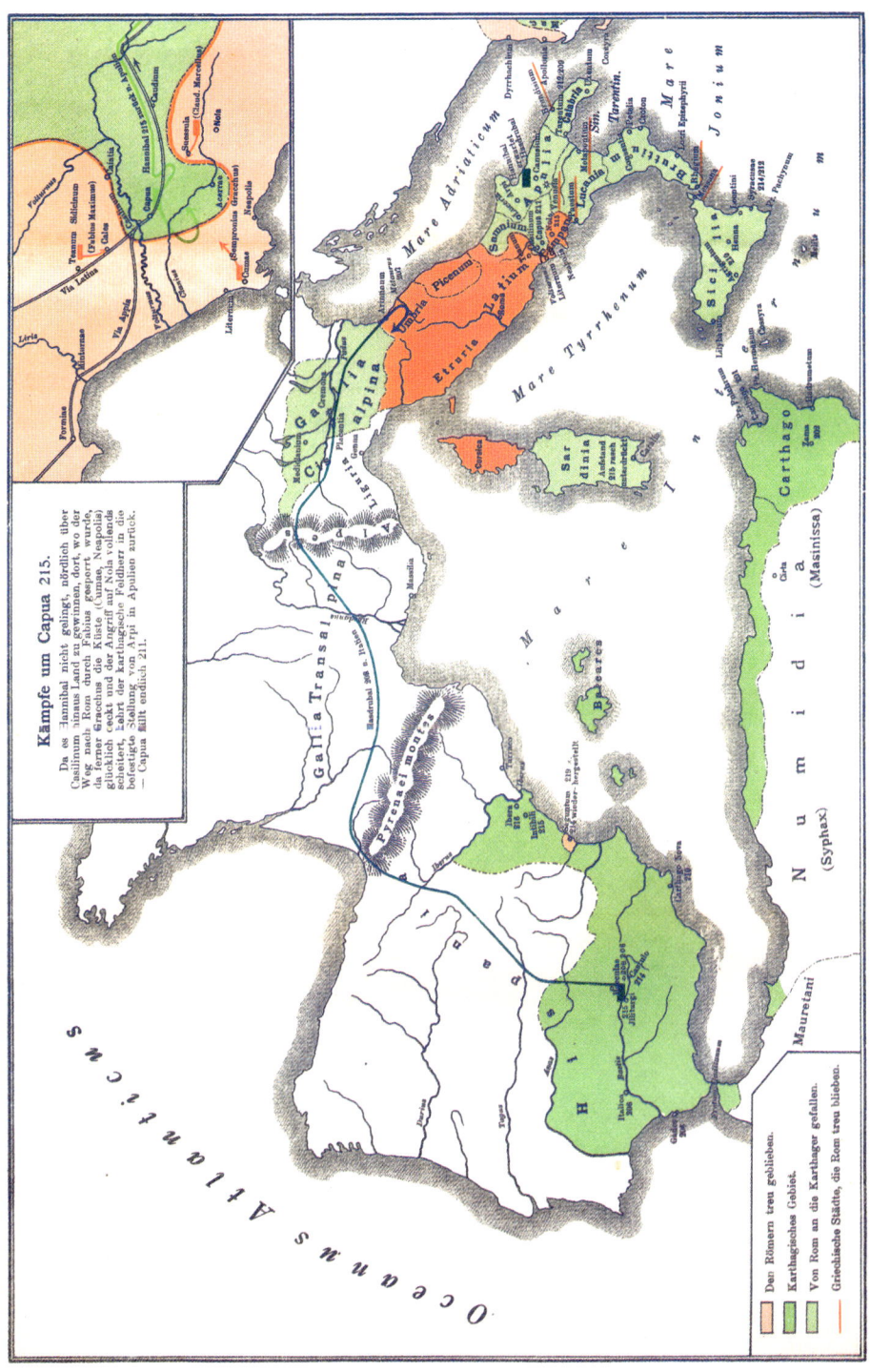

Kämpfe um Capua 215.

Da es Hannibal nicht gelingt, nördlich über Casilinum hinaus Land zu gewinnen, dort, wo der Weg nach Rom durch Fabius gesperrt wurde, da ferner Gracchus die Küste (Cumae, Neapolis) glücklich deckt und der Angriff auf Nola vollends scheitert, fährt der karthagische Feldherr in die befestigte Stellung von Arpi in Apulien zurück. — Capua fällt endlich 211.

Der Zweite Punische Krieg (218 – 201 v.Chr.) ↑

Den Römern treu geblieben.

Karthagisches Gebiet.

Von Rom an die Karthager gefallen.

Griechische Städte, die Rom treu blieben.

Caesar in Gallien ↑

Römischer Besitz seit 122 v. Chr.
Durch Caesar hinzuerworben.

Übersicht über die Kämpfe.

Caesar bezwingt der Reihe nach erst den S.-Osten (58), dann den N.-Osten (57), dann den Westen (56). Darauf schreckt er die Nachbarn zurück (55, 54, 53) und unterdrückt endlich den letzten Aufstand im Innern (52).

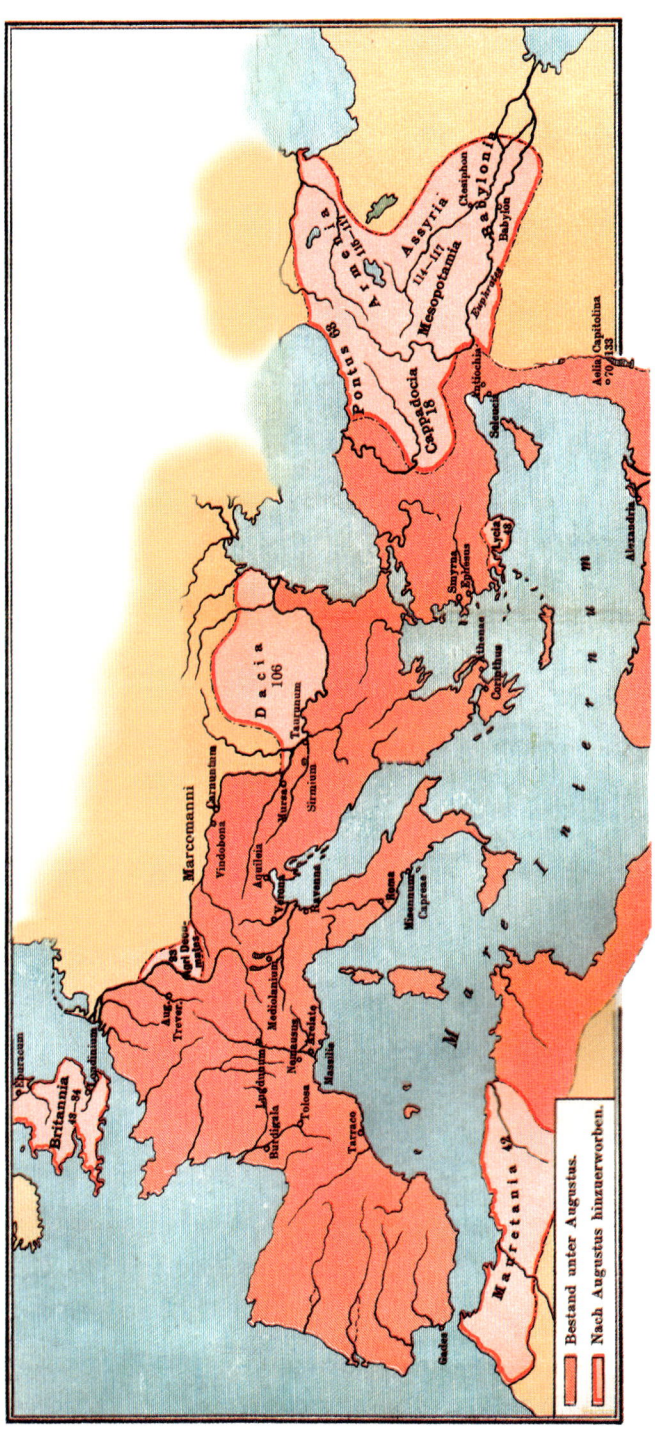

Das Römerreich in seiner größten Ausdehnung, Anfang 2. Jh. n.Chr. ↑

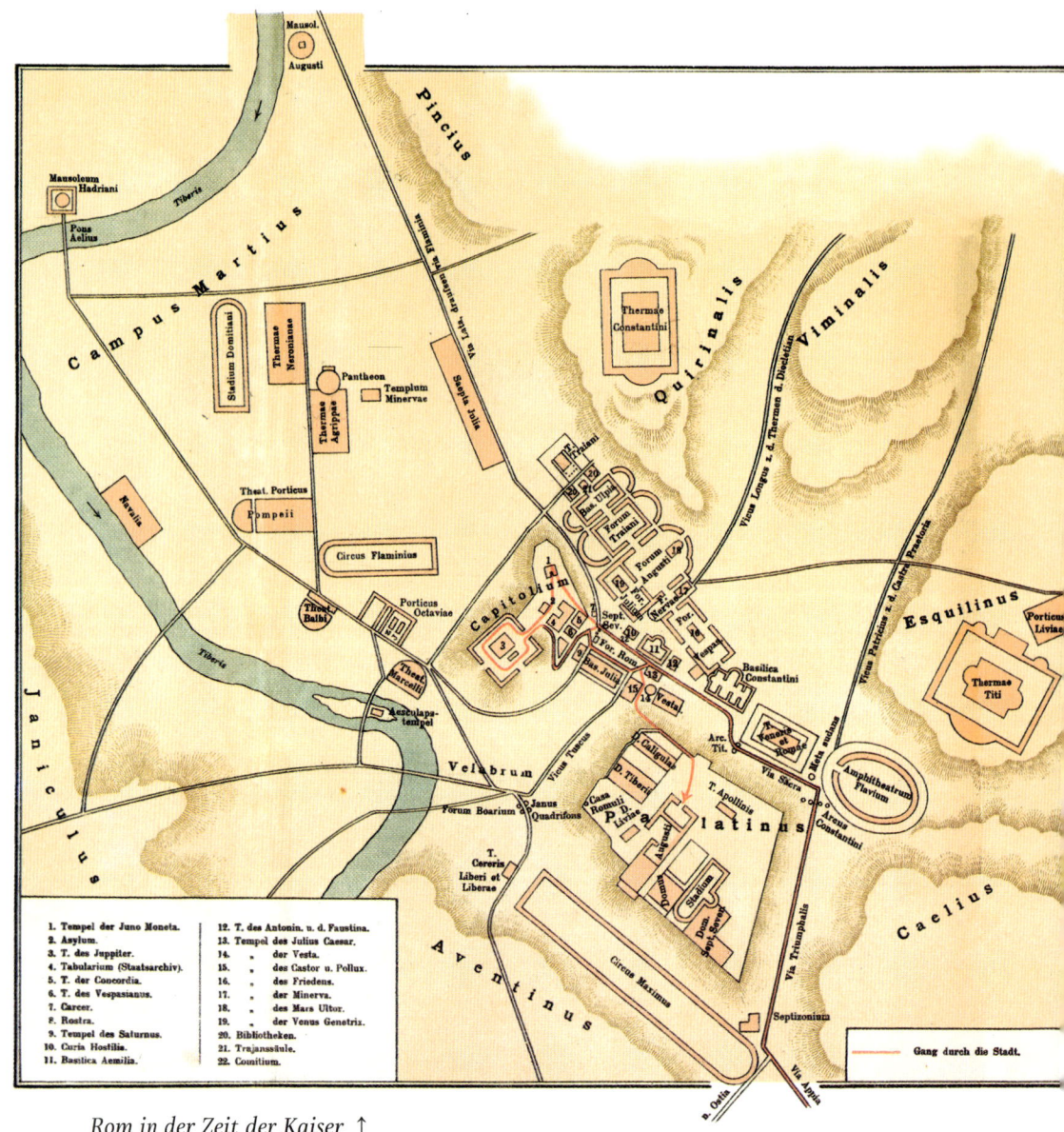

Rom in der Zeit der Kaiser ↑

und die Bürger nach Steuerklassen aufteilten. Diese entschieden dann für jede Person über die notwendige militärische Ausrüstung. Die Zenturiatskomitien trafen verschiedene politische Entscheidungen. Dazu kamen sie in Waffen auf dem Marsfeld zusammen, wo ihnen von den Magistraten Anträge zum Beschluss vorgelegt wurden. Diese Anträge wurden nicht diskutiert. In ihnen ging es um die Besetzung von Magistraturen, die Verabschiedung von Gesetzen oder Aburteilungen wegen Hochverrat.

Die Magistraturen

Die wichtigsten Ämter im römischen Staat waren das Konsulat und die Prätur. Mit der Zeit wurden bestimmte Aufgaben, die ursprünglich mit diesen beiden Ämtern verbunden waren, ausgegliedert und an neugeschaffene Ämter vergeben. Dabei handelte es sich um die Zensur, Quästur und Ädilität. Alle Magistrate konnten für ihren Zuständigkeitsbereich Verfügungen treffen, die nicht von der Volksversammlung bestätigt werden mussten. Obwohl die Ämter eine bestimmte Hierarchie besaßen, der Konsul beispielsweise der mächtigste Amtsinhaber war, waren die anderen Ämter nicht weisungsgebunden. Die Kontrolle aller Ämter ergab sich lediglich aus der Doppelbesetzung und der einjährigen Amtszeit. Nach deren Ablauf konnte der Amtsinhaber gegebenenfalls vom Volkstribun oder Zensor des Amtsmissbrauchs angeklagt werden. Wir werden auf alle bisher genannten Magistrate an späterer Stelle noch im Einzelnen zu sprechen kommen.

Im Laufe der Zeit bildete sich eine Art Ämterlaufbahn (*cursus honorum*) heraus. Dabei durchliefen die Römer der reichen Oberschicht die einzelnen Ämter bis hin zum Konsulat. Dieses wurde allerdings nur von einem Teil der Magistrate erreicht. Die Magistrate wurden allesamt ehrenamtlich ausgeübt. Es gab lediglich eine Aufwandsentschädigung, die der Senat bewilligte. Für ihre Amtsausübung

Das Forum Romanum im 19. Jahrhundert ↓

stand den Magistraten wenig Hilfspersonal zur Verfügung. Stattdessen stellte sich
jeder Magistrat einen eigenen Mitarbei-
terstab aus Bekannten zusammen.

Die Konsuln

Die Konsuln waren die Leiter der Staatsge-
schäfte. Sie besaßen die oberste zivile und
militärische Amtsgewalt. Ursprünglich besaßen sie auch die Befugnis, neue Senatoren zu ernennen. Dieses Recht ging allerdings später auf das neugeschaffene Amt
der Zensoren über. Die Konsuln hatten außerdem das Recht, im Senat die Ausrufung
des Staatsnotstandes zu beantragen, was
gleichbedeutend mit der Verhängung des
Kriegsrechts war. Der Senat beauftragte die
Konsuln in diesem Fall, für den Schutz des
Staates zu sorgen. Eine weitere Befugnis
der Konsuln war die Einberufung des Senats und der Volksversammlung.

Die Konsuln wurden in einer Volksversammlung (Zenturiatskomitien) gewählt.
Als Zeichen seines Amtes trug der Konsul
eine purpurgesäumte Toga. Außerdem besaß er einen Amtsstuhl und wurde von
zwölf Liktoren mit Rutenbündeln und Bei-
len begleitet. Letzteres entstammte der römischen Tradition und sollte die (richterli-
che) Macht der Konsuln demonstrieren.

In der Kaiserzeit verloren die Konsuln
dann aber weitgehend ihre zivilen und
militärischen Befugnisse. Sie mussten
nun, wie alle Magistrate, dem Kaiser den
Gefolgseid schwören. Die Einberufung der
Senatssitzungen fiel ebenfalls weg, da diese unter Augustus turnusmäßig stattfan-
den. Sondersitzungen wurden vom Kaiser
selbst einberufen.

Die Prätoren

Die Prätur entstand ursprünglich zur Entlastung der Konsuln. Da diese aufgrund
von Kriegen häufig nicht anwesend waren, musste eine Alternative geschaffen
werden. Die Prätoren waren für die Rechtsprechung zuständig. Sie waren die Vor-
sitzenden der Gerichtshöfe und für die Ernennung der Richter zuständig. Wie bei
den Konsuln war auch bei den Prätoren
die purpurgesäumte Toga das Zeichen ihres Amtes. Außerdem wurden auch sie
von Liktoren begleitet, allerdings nur von
zwei bzw. sechs in den Provinzen.

Durch die außerordentliche Gerichtsbarkeit des Kaisers mussten sich die Prätoren später auf die Zivilgerichtsbarkeit be-
schränken. Mit der Ausdifferenzierung der
Gerichtshöfe stieg die Zahl der Prätoren
schließlich bis auf 18 an. Als neue Aufgabe
wuchs ihnen zu Beginn des 1. Jahrhunderts
v. Chr. die Ausrichtung der Spiele zu.

Die Ädilen

Die Ädilen waren ursprünglich plebejische
Magistrate, die von Plebejern gewählt und
von Plebejern besetzt wurden. Später wurde das Amt aber auch von Patriziern ausgeübt und von der Gesamtgemeinde gewählt.
Es gab zunächst zwei, später vier Ädilen,
die alle magistratischen Ehrenrechte besaßen. Die Ädilen übten die Polizeigewalt aus
und besaßen die niedere Gerichtsbarkeit.
Ihnen oblag die Marktaufsicht, die Fürsor-
ge für die Tempel sowie die Getreide- und
Wasserversorgung. Eine besondere Aufgabe der Ädilen war die Ausrichtung der öf-
fentlichen Spiele, die in vielen Fällen als

Teilansicht des Forum Romanum ↑

← *Liktoren mit Rutenbündeln als Zeichen ihrer richterlichen Macht*

Amphitheater Castrense und Circus Varianus in Rom ↓

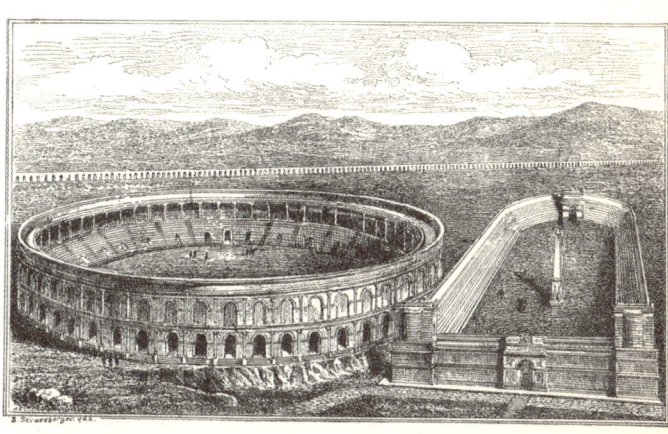

Wahlgeschenk dienten. Später übernahmen die Prätoren diese Aufgabe.

In der Kaiserzeit verloren die Ädilen einen Großteil ihrer Aufgaben und wurden auf die Rolle einer Marktpolizei beschränkt.

Die Quästoren

Die Quästoren verwalteten die Staatskasse. In diese flossen die Steuergelder sowie die Kriegs- und Beutegelder der römischen Feldherren. Neben der Verwaltung der Kasse führten die Quästoren die Schuldbücher. Die Verfügungsgewalt über die Einnahmen des Staates stand den

Quästoren aber nicht zu, da dies das Privileg des Senats war.

Mit der Quästur traten die Römer der Oberschicht in den *cursus honorum* ein. Wie für alle Ämter galt dabei ein gewisses Mindestalter. Das passive Wahlalter betrug zunächst 31 Jahre, wurde von Augustus dann später aber auf 25 Jahre abgesenkt. Das Amt des Quästors berechtigte zugleich auch zum Eintritt in den Senat.

Unter Augustus wurde die Zahl der Quästoren auf 40 erhöht. Da die Aufsicht über die Staatskasse an die Prätoren abgegeben werden musste, blieb den Quästoren schließlich nur noch die Aufsicht über das Staatsarchiv.

Römische Männer mit der Toga bekleidet ↑

Villa des Volkstribuns Tiberius Sempronius Gracchus ↑

Der Volkstribun

Die Zahl der Volkstribune schwankte im Laufe der römischen Geschichte. Anfangs waren es zwei, später soll es bis zu zehn Volkstribune gegeben haben. Die Aufgabe des Volkstribuns war der Schutz der Plebejer. Dazu musste er Tag und Nacht erreichbar sein. Sein Haus stand jederzeit offen und er durfte Rom im Jahr nur für einen Tag verlassen. Um den Schutz der Plebejer gewährleisten zu können, besaß der Volkstribun verschiedene Befugnisse. Dazu gehörte das Recht, Maßnahmen der Magistrate zu verhindern und gegen Gesetzesvorlagen sein Veto einzulegen. Die Volkstribune wohnten den Sitzungen des Senats bei und waren selbst unverletzlich. Im Gegenzug durfte der Volkstribun Magistrate verhaften und gegen diese Anklage erheben.

Die Volkstribune verloren unter Augustus sehr stark an Bedeutung, da ihre Kompetenzen nun in der Hand des Kaisers lagen. Dadurch waren sie gewissermaßen machtlos gegenüber den Beschlüssen des Kaisers und konnten selbst keine Initiative mehr ergreifen.

Die Zensoren

Das Amt des Zensors wurde alle zwei Jahre neu vergeben und war zumindest in späterer Zeit nur für ehemalige Konsuln zugänglich. Die Aufgabe des Amtes bestand in der Aufteilung der römischen Bürger auf die einzelnen Vermögensklassen. Später kamen weitere Aufgaben, wie beispielsweise die Sittenaufsicht, hinzu. Diese bezog sich vor allem auf die Angehörigen des Senatoren- und Ritterstandes. Ein negativer Vermerk in der Bürgerliste konnte sich dann auch auf die weitere politische Karriere des Betreffenden auswirken. Außerdem wurde auch überprüft, ob eine Person würdig genug war, dem Senat anzugehören. Eine weitere interessante Aufgabe war die Überprüfung der Würdigkeit für die Zuteilung eines Staatspferdes. Der Besitz eines solchen Pferdes war Voraussetzung für die Zugehörigkeit zum Ritterstand. In der Kaiserzeit gingen die Befugnisse der Zensoren weitgehend auf den Kaiser über.

Der Diktator

In Kriegszeiten wurde von einem Konsul ein Diktator (*magister populi*) ernannt, der für eine bestimmte Zeit uneingeschränkt herrschte. Zu seiner Unterstützung ernannte der Diktator einen Gehilfen, den Reiterobersten (*magister equitum*). Später wurden die Aufgaben des Diktators durch ein Gesetz genau geregelt. Demnach ersetzte der Diktator die Konsuln nicht, sondern diese unterstützten ihn für die Zeit seiner Amtsdauer. Die Ernennung eines Diktators erfolgte durch die Konsuln in Absprache mit dem Senat. Nach dem Mord an Iulius Caesar wurde die Diktatur abgeschafft.

Der Senat

Der römische Senat wirkte vor allem aufgrund seiner Autorität. Er wurde von den Magistraten einberufen und beriet diese. Außerdem unterstützte er die Magistrate durch die Anfertigung von Gutachten. Der Beschluss des Senats galt als verbindliche Empfehlung. Insgesamt war die Tätigkeit des Senats vielfältig. Der Senat empfing Gesandtschaften und bestimmte selbst Gesandte. Er nahm Stellung zu Verträgen und kontrollierte die Staatsausgaben.

Wie bereits bei den Beschreibungen der Magistrate erwähnt, ergab sich das Recht auf einen Platz im Senat durch die vorherige Ausübung eines der hohen Staatsämter. Hinzu kam, dass die betreffende Person eines Senatsplatzes würdig sein musste, was von den Zensoren überprüft wurde. Der Senat bestand zunächst aus 300, später aus 600 Mitgliedern. Die Mitgliedschaft galt ursprünglich für das ganze Leben, war später aber auf fünf Jahre begrenzt.

Der Senat verlor mit Augustus seine Machtposition und diente in der Folgezeit fast nur noch der Repräsentation. Ihm oblag zwar die Verwaltung der senatorischen Provinzen, doch konnte der Kaiser hier jederzeit eingreifen.

Die Mitgliedschaft im Senat ergab sich weiterhin über den *cursus honorum*. Allerdings konnte der Kaiser die Zusammensetzung kontrollieren. Er führte darüber hinaus feste Sitzungstage ein und verbot den Senatoren, Italien ohne Erlaubnis zu verlassen. Die Sitzungen des Senats wurden von den Konsuln geleitet. Die Senatsmitglieder besaßen zwar das Recht der freien Meinungsäußerung, stimmten den Anträgen der Magistrate und des Kaisers aber in der Regel zu. Der Senat befand weiterhin über die formale Anerkennung eines Kaisers.

Der Kaiser

Mit Augustus endete die römische Republik und die Kaiserzeit begann. Allerdings ist es nicht unproblematisch, von einem römischen Kaisertum zu sprechen, da die republikanische Ämterordnung auch in der Kaiserzeit Bestand hatte. So standen die Konsuln weiter an der Spitze des Staates, auch wenn sie faktisch hinter dem Kaiser zurückstanden. Auch wurde die Anerkennung als Kaiser vom Senat ausgesprochen. Es gab keine einheitliche Klasse, aus der der Kaiser hervorging. Stattdessen konnte theoretisch jede Person das Kaiseramt antreten. August selbst wurde als *princeps* bezeichnet. Seine Macht bezog er nicht aus der Zuschreibung bestimmter Privilegien, sondern vielmehr aus den erbrachten Leistungen, die ihn über alle anderen stellten.

Die Villa Tiburtina des Kaisers Hadrian ↓

RECHT UND GESETZ

Das Zwölftafelgesetz

In der Frühzeit der römischen Geschichte kam die Rechtspraxis noch ganz ohne schriftlich fixierte Gesetze aus. Sie beruhte vielmehr auf einem Gewohnheitsrecht, das seinen Ursprung wahrscheinlich im sakralen Bereich hatte. In diesem Zusammenhang spielten die Auguren eine große Rolle, römische Beamte, die den Willen der Götter in Erfahrung brachten und den Menschen als Gesetz verkündeten. Diese Gesetzgebung war nicht zu kontrollieren und war in erster Linie eine Standesjustiz, die sich gegen die unteren Stände der römischen Gesellschaft richtete. Aus diesem Grund stand die Forderung nach einer Aufzeichnung des gültigen Rechts ganz oben auf der Agenda im Ständekampf des 5. Jahrhunderts v. Chr.

Im Jahr 451/50 v. Chr. wurden die römischen Rechtsgrundsätze von einer eigens dazu ernannten Zehnerkommission (*decamviri legibus scribundis*) auf zwölf Tafeln erstmals schriftlich fixiert und auf dem Forum in Rom öffentlich ausgestellt. Das Zwölftafelrecht betraf verschiedene Bereiche der römischen Gesellschaft, wie beispielsweise die Regelung von Verfahren im Zivilprozess, das Familien- oder Erbrecht sowie Fragen zum Schadenersatz oder der Bestattung der Verstorbenen. Leider wurden die Tafeln zerstört und ihr Inhalt nur teilweise durch römische Schriftsteller wie beispielsweise Marcus Tullius Cicero überliefert. Vom Inhalt einiger Tafeln, beispielsweise von den Ver-

fassungsgrundsätzen und dem Eherecht, ist leider nichts bekannt. Die Besonderheit des römischen Rechts liegt, wie das Zwölftafelgesetz zeigt, darin, dass das römische Gerichtsverfahren ein Privatanklageverfahren war. Eine Staatsanwaltschaft, wie sie für uns heute selbstverständlich ist,

Das Forum Romanum mit der Trajansäule ↓

Römische Gerichtshalle ↑

kannten die Römer nicht. Die Aufgabe des Staates war es lediglich, die private Rechtsverfolgung zu überwachen. Selbst im Falle eines Mordes erfolgte die Anklage durch eine Privatperson, in diesem Fall höchstwahrscheinlich durch einen Verwandten. Später konnte jeder unbescholtene Bürger Anklage erheben, wobei ihm dann auch die Beweislast oblag. Da der Ankläger bei einem Todesurteil Anspruch auf einen Teil des Vermögens des Verurteilten hatte, führte dieses System aber auch häufig zu Missbrauch.

Im Falle eines zugefügten Schadens herrschte das Prinzip der Gleichvergeltung vor. Das bedeutet, dass im Falle einer Nichteinigung dem Schuldigen das Gleiche zuteilwurde, das er dem Geschädigten zuteilwerden ließ. So heißt es beispielsweise auf der achten Tafel: „Wenn jemand einem anderen ein Glied verstümmelt, soll der Täter das Gleiche erleiden, wenn er sich nicht mit dem Verletzten gütlich einigt." Ein weiterer wichtiger Grundsatz des römischen Rechtsverständnisses in der Zeit des Zwölftafelgesetzes war die völlige Auslieferung des Schuldners an seinen Gläubiger. Falls dieser seine Schuld nicht innerhalb einer gesetzten Frist begleichen konnte, verfiel er der Schuldknechtschaft. Dies änderte sich erst durch eines der wichtigsten römischen Gesetze, das *lex Poetelia Papira de nexis*, durch das im Jahr 326 v. Chr. die Schuldknechtschaft unterbunden wurde.

Insgesamt stärkte das Zwölftafelrecht die Position der Plebejer, wenn auch dessen Interpretation weiterhin Sache der Patrizier blieb. Allerdings wurde die durch das Zwölftafelgesetz geschaffene Rechtsgrundlage im Laufe der Zeit durch verschiedene Gesetze (*leges*) ergänzt und weiterentwickelt, wie das oben genannte Gesetz zur Schuldknechtschaft zeigt. So sind aus der Zeit bis zum Ende der römischen Republik etwa 30 solcher Gesetze bekannt, die durch die Volksversammlung auf Antrag der Konsuln oder eines Volkstribuns verabschiedet wurden.

Die Rechtsprechung

Die Rechtsprechung sowie die Polizeigewalt und die Ausführung von Strafen lagen in Rom in der Hand des *praetor urbanus* und der *tresviri capitales*. Die Rolle der Letzteren ist nicht unumstritten. Sie reicht von einfachen Vollzugsbeamten der Prätoren bis hin zu Inhabern einer eigenen Polizeigewalt und Gerichtsbarkeit. Der Prätor war für den juristischen Rahmen des Verfahrens zuständig. Die Durchführung des Verfahrens selbst lag dagegen in der Hand eines vom Prätor bestimmten Richters bzw. der an den Gerichtshöfen tätigen Geschworenen. Dort konnte eine Geschworenenbank bis zu 75 Geschworene umfassen.

Die römische Rechtsprechung ging insbesondere nach den Punischen Kriegen, die offensichtlich zu einem Anwachsen der Kriminalität im Römischen Reich geführt hatten, mitunter sehr brutal gegen Kriminelle vor. Dabei ging es in erster Linie um Abschreckung. Die Todesstrafe galt nicht nur bei Gewaltverbrechen, sondern schon die Waffenführung in verbrecherischer Absicht reichte aus. Die Verhängung der Todesstrafe kam vergleichsweise häufig vor, zumal zur Zeit der römischen Republik die Verurteilung zu Freiheitsstrafen durch das römische Strafrecht nicht vorgesehen war. Die Todesstrafe wurde in der Regel nur bei Sklaven oder Angehörigen der römischen Unterschicht vollzogen. Den übrigen römischen Bürgern wurde dagegen nach dem Schuldspruch häufig die Flucht ins Exil ermöglicht.

Im Gegensatz zu unserem heutigen Rechtsverständnis wurde die Strafe ohne Prozess verhängt, wenn der Täter auf frischer Tat ertappt wurde oder sich geständig zeigte. Kam es zum Prozess, dann entschied der Prätor nicht alleine, sondern wurde bei seinem Entschluss durch einen Beirat (*consilium*) unterstützt, der im Laufe der Zeit in immer größerem Maße aus Fachjuristen bestand. Zur Einführung ständiger Gerichtshöfe (*quaestiones perpetuae*) kam es ab dem Jahr 122 v. Chr. aufgrund eines Gesetzes (*lex Sempronia iudiciaria*) des Volkstribuns Gaius Sempronius Gracchus. Später entstanden dann sogar Gerichtshöfe mit besonderen Zuständigkeiten, wie beispielsweise für Hochverrat, die Hinterziehung von Staatseigentum oder Mord.

Römischer Legionär →

MILITÄR

Die Entwicklung der römischen Armee

Das Militär war eine der zentralen Säulen des römischen Staates. Der Aufstieg und der Einfluss Roms in der Welt basierten auf seinen Legionen. Im Laufe der Jahrhunderte verlor Rom zwar zahlreiche Schlachten und viele Tausend Soldaten, doch konnte bis zum Ende des Reiches kein Gegner den römischen Legionen über einen längeren Zeitraum widerstehen. Die römische Armee war sehr gut ausgebildet, ausgerüstet und kämpfte geordnet und suchte damit seinesgleichen in der Welt.

Bis zum Ende des 2. Jahrhunderts v. Chr. besaß Rom kein stehendes Heer. Stattdessen wurden Soldaten erst in Kriegszeiten vom Senat rekrutiert. Diese Situation änderte sich erst unter dem römischen Politiker und Feldherrn Gaius Marius, der in den Jahren 104 bis 102 v. Chr. eine Heeresreform durchführte und die römische Armee in eine Berufsarmee umwandelte.

Ein römischer Soldat verpflichtete sich für 16 Jahre zum Militärdienst. Dafür erhielt er einen regelmäßigen Sold und einen Anteil an der Beute, die seine Legion bei Kriegszügen machte. Nach dem aktiven Dienst erhielt er vom römischen Staat ein Stück Land für die Sicherung seines Lebensunterhalts. Später wurde diese Landschenkung in eine Geldzahlung umgewandelt. Mit dieser konnte sich der Soldat nach seiner Dienstzeit eine neue Existenz aufbauen. Für die Versorgung der Veteranen hatten die jeweiligen Feldherren zu sorgen, die dadurch in ein besonderes Verhältnis zu ihren Soldaten gerieten. Die Soldaten fühlten sich weniger dem römischen Staat, sondern mehr ihrem Feldherrn verpflichtet, der dieses Abhängigkeitsverhältnis im Gegenzug für seine Interessen nutzen konnte.

Gaius Marius veränderte auch die Einteilung der römischen Armee. Eine Legion wurde nun in zehn Kohorten zu etwa 500 bis 600 Soldaten aufgeteilt. Außerdem wurde die Ausbildung der Soldaten verbessert und ein Standard für die Bewaffnung eingeführt. Zu dieser gehörte beispielsweise das *pilum*, ein Wurfspieß, den die Römer wahrscheinlich von den Samniten übernommen hatten. Unter Gaius Marius wurde der Tross aufgelöst, so dass die Legionäre von nun an ihr Gepäck selbst tragen mussten. Daher erhielten sie den Spitznamen *muli mariani*, also Maultiere des Marius. Auch führte Marius den Legionsadler ein, der den Korpsgeist der Legionäre stärken sollte.

Durch die Reformen des Gaius Marius wurden die Organisation und Schlagkraft der römischen Armee deutlich verbessert. Allerdings wurde die Bindung der Soldaten an ihren Feldherrn und das Entstehen einer Heeresklientel ein Problem. Insbesondere in der Zeit der Bürgerkriege, in der der Umfang der römischen Armee deutlich zunahm, stieg auch ihr Einfluss so stark, dass sie selbst ihre Anführer zu Entscheidungen zwingen konnte. Spätestens nach dem Sieg von Gaius Octavius,

dem späteren Augustus, im römischen Bürgerkrieg wurde daher eine weitere Neuorganisation des römischen Heeres nötig. Augustus reduzierte die Truppen auf eine angemessene und tragbare Größe und wandelte die Armee endgültig in ein stehendes Heer um. Auch regelte er endlich die finanzielle Versorgung der Soldaten, insbesondere ihre Existenzsicherung nach der aktiven Dienstzeit.

Die Legion

Unter der Herrschaft des Augustus bestand das römische Feldheer aus 28 Legionen. Ihre Zahl wurde in der folgenden Zeit erhöht und betrug im 2. Jahrhundert n. Chr. schließlich 33. Eine Legion hatte eine Sollstärke von etwa 4800 Fußsoldaten und 120 Reitern. Mit dem Lager- und Hilfspersonal bestand eine Legion schließlich aus 6400 Mann. Eine Legion bestand aus zehn Ko-

↑ *Römischer Belagerungsturm*   ↓ *Römische Belagerungsarbeiten*

horten, von denen jede aus fünf bis sechs *centuriae* bestand. Die Führung der Legion lag in der Hand des *legatus legionis*, der dem Statthalter der Provinz unterstand.

Die Legionen waren hauptsächlich an den Außengrenzen des Reiches stationiert, während es in den Binnenprovinzen keine Legionen gab. Die Legionslager waren dabei alle nach einem einheitlichen Schema konstruiert. Innerhalb der Befestigung befanden sich verschiedene Gebäude. Neben den Unterkünften der Soldaten gab es einen zentralen Ort für die Standarten, den Legionsadler und die Legionskasse. Außerdem gab es Thermen und ein Militärkrankenhaus.

Wie bereits oben genannt, betrug die Dienstzeit eines Legionärs zur Zeit von Gaius Marius 16 Jahre. Später wurde sie auf 20 Jahre verlängert, wobei der Legionär

nach seiner Entlassung noch fünf Jahre innerhalb der *cohors veteranorum* dienstpflichtig blieb. Das Rekrutierungsalter der römischen Soldaten lag zwischen 17 und 20 Jahren. Als Soldaten für die Legion kamen nur römische Bürger in Betracht, die sich in späterer Zeit vor allem aus der Umgebung ihres Standlagers rekrutierte.

Der Sold eines römischen Legionärs lag während der Regentschaft von Augustus bei 225 Denaren. Neben ihrem Sold erhielten die Legionäre Zuweisungen beim Regierungsantritt eines Herrschers oder größeren Festen. Schließlich erhielten die Legionäre bei Kriegszügen einen Anteil an der Beute. Insgesamt gehörten die Soldaten zu den Besserverdienenden innerhalb der römischen Gesellschaft.

Die Hilfstruppen

Neben den römischen Legionen gehörten auch die Hilfstruppen zum römischen Heer. Diese bestanden aus reinen Fußtruppen, reinen Reitertruppen oder gemischten Fuß- und Reitergruppen. Wie die Legionen waren auch die Hilfstruppen in Militärlagern untergebracht.

Die Angehörigen der Hilfstruppen besaßen kein römisches Bürgerrecht, konnten dieses aber durch den Dienst in den Hilfstruppen erwerben. Das Rekrutierungsalter lag mit 20 bis 25 Jahren bei den Hilfstruppen etwas höher als bei den Legionen. Die Dienstzeit betrug dagegen ebenfalls 25 Jahre.

Römisches Kriegsschiff ↓

Die Reiterei

In der Auseinandersetzung mit berittenen Gegnern in Südosteuropa, dem Osten und Nordafrika erkannten die Römer schnell, dass ihre Reiterei in den Legionen und den Hilfstruppen nicht ausreichte, um wirksam gegen den Feind vorgehen zu können. Als Reaktion entstand innerhalb der römischen Armee eine besondere „Schlachtenkavallerie". Obwohl die Schlagkraft der rö-

mischen Reiterei hoch war, erlangte sie nie die Bedeutung der römischen Legion.

Die Prätorianer

Die Elitetruppe der Prätorianer entstand unter Augustus. Ursprünglich schützten sie das *praetorium*, bevor ihnen ihre neue Rolle als Leibwache des Kaisers zugeteilt wurde. Die Prätorianer standen unter

Prätorianer ↓

dem Kommando von zwei *praefecti praetorio*, die direkt vom Kaiser ernannt wurden. Die Mannschaftsstärke der Prätorianer betrug vermutlich 1.000 Mann, ihre Dienstzeit lag zunächst bei zwölf, unter Augustus dann bei 16 Jahren. Die Prätorianergarde war zunächst in mehreren Lagern rum um Rom untergebracht, später dann in einer einzelnen Kaserne auf dem Viminal. Gegen Ende des 1. Jahrhunderts n. Chr. wurden die Prätorianer in verschiedenen Schlachten eingesetzt. Sie galten als ausgesprochen gut ausgebildet, erhielten daher im Gegenzug einen höheren Sold sowie großzügigere Geschenke.

Da sich in Rom und Italien keine römischen Truppen aufhalten durften, erlangte die Prätorianergarde in den ersten beiden Jahrhunderten des Prinzipats eine große politische Macht. Sie beanspruchte schließlich sogar ein Mitspracherecht bei der Wahl eines neuen Königs. Im Jahr 193 n. Chr. vergab die Prätorianergarde die Kaiserwürde dann sogar an den meistbietenden Didius Julianus. Dieser wurde im gleichen Jahr von Septimius Severus abgelöst, der mit seinen Truppen nach Rom marschiert war. Unter seiner Herrschaft wurde die alte Prätorianergarde aufgelöst und durch eine neue Garde ersetzt. Von nun an wurde es üblich, dass ein Prätorianer zuvor als Legionär gedient hatte. Außerdem musste er nicht mehr aus Italien stammen. Ab dem Jahr 212 n. Chr. stand die Garde jedem kaiserlichen Legionär offen, so dass die Grenze zwischen den Prätorianern und der restlichen Armee mehr und mehr verschwamm. Unter Septimius Severus wurde auch mit einer weiteren Tradition gebrochen, dem Verzicht auf Truppenstationierungen in Italien.

Trotz dieser Veränderungen besaßen die Prätorianer auch in der Folgezeit einen großen Einfluss auf die römische Politik. Als sie im Jahr 306 Marcus Aurelius Maxentius zum römischen Kaiser machten, dieser in der Folgezeit aber Kaiser Flavius Valerius Constantinus unterlag, wurde die Garde endgültig aufgelöst.

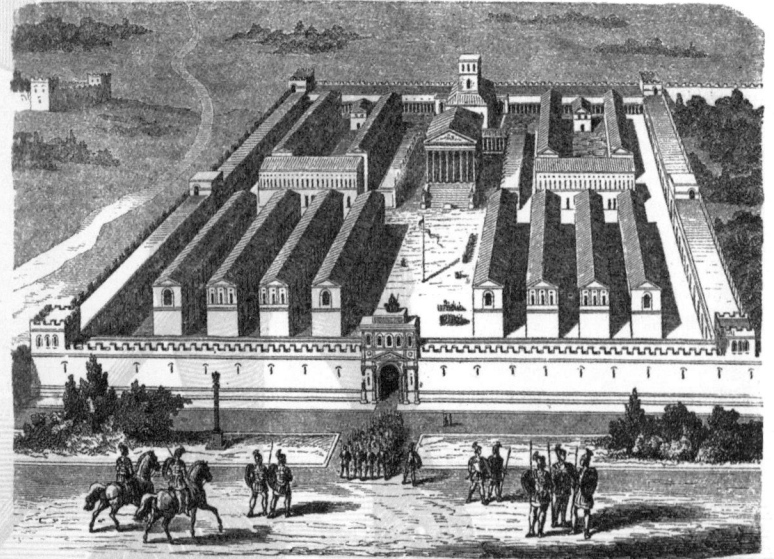

←

Lager der Prätorianer

→
*Römisches
Frachtschiff
im Hafen
von Ostia*

*Weinverkauf
auf der Straße*
↓

WIRTSCHAFT UND HANDEL

Römische Wirtschaftspolitik

Das Römische Reich umfasste zu Beginn des 2. Jahrhunderts n. Chr. eine Fläche von etwa 3,5 Millionen km². Römische Legionen hatten große Gebiete in Europa, Nordafrika und Vorderasien erobert und damit ein Weltreich geschaffen, in dem rund 60 Millionen Menschen lebten. Die dauerhafte Kontrolle und Organisation dieses Reiches verschlang allerdings einen Großteil der verfügbaren Ressourcen und stellte den römischen Staat letztendlich vor eine unlösbare Aufgabe. Daran konnte auch der Verzicht auf weitere Eroberungen unter Kaiser Hadrian im Jahr 117 n. Chr. nichts mehr ändern.

Das römische Weltreich war kein einheitlicher Wirtschaftsraum. Tatsächlich hatten die zahlreichen Eroberungen nur dazu geführt, dass verschiedene Teilräume zusammengeführt worden waren, die an ihren traditionellen Produktionsweisen festhielten. Auch nach ihrer Eingliederung in das Römische Reich waren sie nur sehr locker miteinander verbunden. Das Nebeneinander verschiedener Wirtschaftsräume wurde auch durch den römischen Staat nicht beseitigt. Eine konsequente staatliche Wirtschaftspolitik im Römischen Reich gab es nicht. Die römischen Kaiser erfüllten lediglich ihre elementarsten Aufgaben, wie die Versorgung der Stadt Rom und des Heeres. Im lokalen und regionalen Bereich spielten die städtischen Siedlungen für die wirtschaftliche Entwicklung auch häufig eine weitaus größere Rolle als die wirtschaftlichen Maßnahmen des Kaisers.

Obwohl von einer staatlichen Wirtschaftspolitik im eigentlichen Sinne also nicht gesprochen werden kann, sicherte der römische Staat doch verschiedene Rahmenbedingungen und Grundlagen, die das

Römische Straße in Pompeji ↓

Funktionieren von Wirtschaft überhaupt erst möglich machten. Dazu gehörten beispielsweise eine belastbare Infrastruktur mit Fernstraßen und Kanälen sowie ein funktionierendes Währungssystem. Außerdem sicherte der Staat den reibungslosen Warenaustausch und garantierte die bestehenden Besitzverhältnisse. Schließlich legte er Steuern und Abgaben fest, die lange Zeit aber so gering waren, dass sie die wirtschaftliche Entwicklung nicht nachteilig beeinflussten.

Eine besondere Art der Wirtschaftsförderung ergab sich durch die Stationierung des Heeres in den Grenzprovinzen. Dies war nötig geworden, um die an der Gesamtgröße des Reiches gemessenen geringen militärischen Kräfte möglich effizient einzusetzen. Die Verlegung des Heeres in die Grenzprovinzen zog eine

Verlagerung von Produktionsstätten mit sich. Außerdem wurden Infrastrukturmaßnahmen durchgeführt, wie der Bau von Straßen, Häfen oder die Einrichtung einer Wasserversorgung. Letzteres führte in Nordafrika zur Vergrößerung der landwirtschaftlichen Flächen und somit zur Steigerung der landwirtschaftlichen Produktion.

Steuern und Abgaben

Die Sicherung der wirtschaftlichen Rahmenbedingungen kostete den Staat viel Geld, das erst einmal zur Verfügung stehen musste. Neben den Erträgen der kaiserlichen Güter und der Bergwerke dienten vor allem Steuern und Abgaben zur Finanzierung des Staatshaushaltes. Die

Römischer Bauer mit Ochsen bei der Feldarbeit ↓

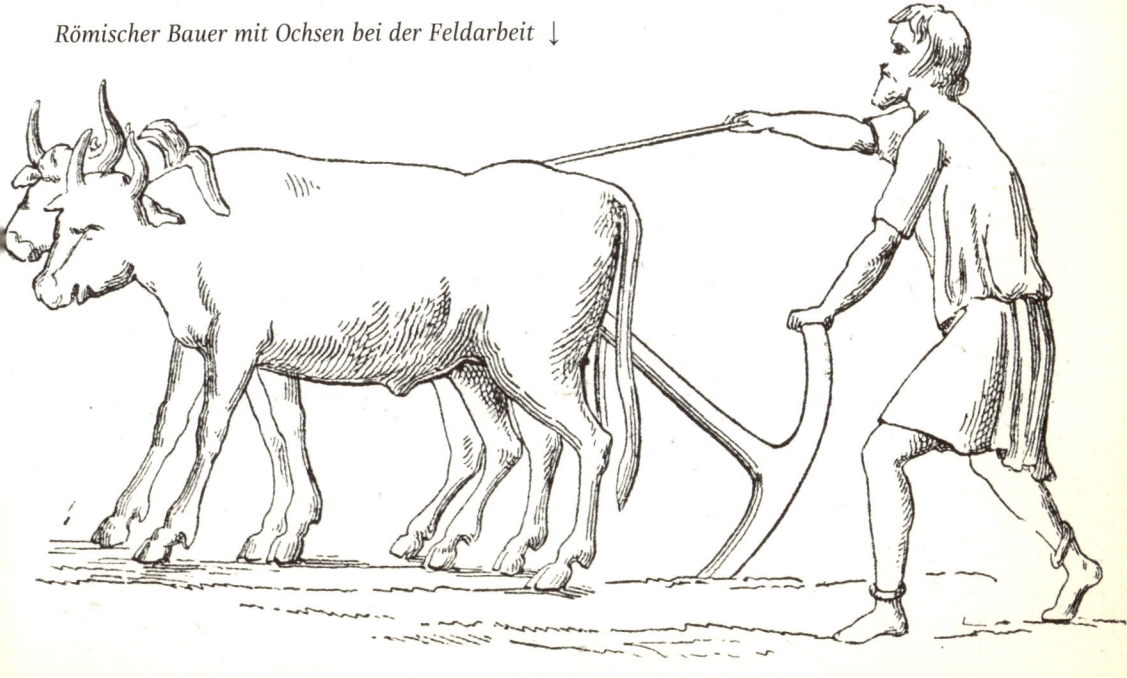

Haupteinnahme des Staates ergab sich aus der Besteuerung des Bodenertrags. Hinzu kamen eine Kopfsteuer sowie Binnen- und Außenzölle. Während römische Bürger keine direkten Steuern zahlen mussten, waren auch sie von indirekten Steuern betroffen. Dazu zählten beispielsweise Freilassungs- oder Erbschaftssteuern. Neben Steuern mussten von den Bürgern verschiedene Abgaben sowie Dienst- und Arbeitsleistungen erbracht werden. Bei den Arbeitsleistungen sei als Beispiel die Mitarbeit im Straßenbau durch die Straßenanwohner genannt.

Der römische Staat war ständig knapp bei Kasse, da die wenigen Aufgaben bereits große Summen erforderten. Der größte Posten war die römische Armee, die etwa 60 Prozent der Staatseinnahmen für sich beanspruchte. Dann folgten die Aufwendungen für die Hauptstadt und für die Verwaltung des Reiches. Da die Einnahmen des Staates nicht ausreichten, um alle Ausgaben zu decken, wurden immer wieder Möglichkeiten für Sondereinnahmen ausgenutzt. Dazu gehörten beispielsweise Geschenke der Provinzen an den Kaiser infolge von Eroberungen oder militärischen Siegen oder Konfiskationen bei Prozessen gegen Hochverräter.

Landwirtschaft

Die Landwirtschaft bildete die ökonomische Grundlage des Römischen Reiches. Etwa 90 Prozent der gesamten Bevölkerung waren in der Landwirtschaft tätig. Hier wurden der Großteil des staatlichen Sozialprodukts und die höchsten Kapitalerträge erwirtschaftet. Der überwiegende Teil der landwirtschaftlichen Bevölkerung bewirtschaftete kleine einfache Bauernhöfe. Vom Land stammte auch die Masse der römischen Soldaten, die für die zahlreichen Kriege benötigt wurden. Dieser Umstand bildete zugleich die größte Gefahr für die wirtschaftliche Existenz der Bauern, da Kriege keine Rücksicht auf Erntezeiten und die notwendigen Arbeiten auf dem Hof nahmen.

Die Landwirtschaft war in erster Linie Handarbeit. Das wichtigste Arbeitsgerät war der Pflug, der von Ochsen gezogen wurden. Maultiere und Pferde konnten sich römische Kleinbauern nicht leisten. In der Regel wurde eine Zweifelderwirtschaft betrieben, bei der immer eine Hälfte des Ackers brachlag. Angebaut wurde vor allem Getreide, aber auch verschiedene Gemüsesorten wie beispielsweise Bohnen oder Kohl. In den mediterranen Gebieten wurden darüber hinaus Oliven, Wein und Hülsenfrüchte kultiviert.

Die Landwirtschaft war in Italien und den westlichen Teilen des Römischen Reiches ursprünglich kleinbäuerlich strukturiert. Es herrschte die Subsistenzwirtschaft vor, das heißt, eine kleinbäuerliche Familie produzierte nicht mehr, als sie selbst verbrauchte. Auf dieser Basis konnten keine Überschüsse produziert werden, die eine gesellschaftliche Differenzierung oder ein hoch entwickeltes Städtesystem möglich gemacht hätten. Dies konnte nur eine extensiv betriebene Landwirtschaft, wie sie sich in der Zeit der späten Republik und dem Prinzipat allmählich durchsetzte.

Die Konzentration des landwirtschaftlich genutzten Bodens in den Händen einer kleinen Oberschicht hatte mehrere

Laden eines Brotverkäufers ↑

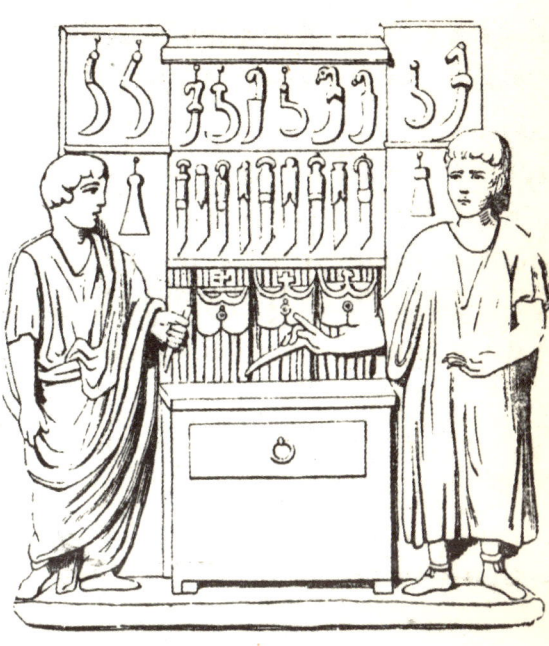

Verkauf von Messern ↑

Anbau von Getreide und Herstellung von Brot ↓

Gründe. Der Boden bildete eine der sichersten und renditestärksten Anlageformen. Insbesondere bei Weinbergen konnte die jährliche Rendite bis zu 10 Prozent betragen. Dementsprechend strebte die italienische Oberschicht den Besitz von großen Landgütern an, insbesondere in den Provinzen. Durch ihre Finanzkraft und den Mangel an alternativen Anlageformen konnten vermögende Römer leicht kleine, heruntergewirtschaftete Bauernstellen aufkaufen und somit das landwirtschaftlich genutzte Land in ihren Händen konzentrieren.

Der Großgrundbesitzer konnte sein Land von einem unfreien Verwalter bewirtschaften lassen oder es einem freien Pächter übergeben. Letzteres war in der Regel lukrativer und wurde die vorherrschende Bewirtschaftungsform. Die Grundlage der großen landwirtschaftlichen Betriebe war der Einsatz von Sklaven. Es gab aber auch immer freie Landarbeiter, die insbesondere in der Erntezeit benötigt wurden. Die Pacht wurde in Form von Naturalien und Fronarbeit geleistet. So betrug die Pacht auf den kaiserlichen Ländereien ein Drittel der Getreide- und Olivenernte sowie dreimal je drei Tage Fronarbeit.

Erst die großen landwirtschaftlichen Betriebe produzierten einen Überfluss, der die Versorgung der römischen Städte und der römischen Armee ermöglichte. Die Verteilung der landwirtschaftlichen Güter hing dabei von den jeweiligen Transportwegen ab. Verderbliche und teure Waren wurden gleich im Umkreis einer Stadt produziert. Die großen Städte, die am Meer oder an schiffbaren Flüssen lagen, konnten die benötigten landwirtschaftlichen Produkte aus größerer Entfernung beziehen.

Handwerk

Das römische Handwerk wurde von Kleinproduzenten, meist Familienbetrieben, dominiert. Diese übernahmen neben der Herstellung sehr häufig auch den Verkauf ihrer Waren. Dazu waren die Werkstätten typischerweise mit kleinen, zur Straße geöffneten Verkaufsläden verbunden. In der Regel wurden nur wenige Personen, darunter Freie, Freigelassene und Sklaven, unter der Aufsicht des Besitzers beschäftigt. Das römische Handwerk war insgesamt stark spezialisiert, so dass beispielsweise für Pompeji über 80 verschiedene Gewerke bekannt sind.

Im Gegensatz zu den Kleinbetrieben waren größere Betriebe selten und auch dann in der Regel überschaubar. So waren selbst in den großen Töpfereien nicht mehr als 60 Menschen beschäftigt. Überhaupt kam eine größere Produktion nur unter bestimmten Voraussetzungen in Frage. Zum einen musste eine hohe und langfristige Nachfrage nach einem bestimmten Gut bestehen, zum anderen musste das entsprechende Kapital für die notwendigen Investitionen vorhanden sein. So entstanden größere Betriebe vor allem für die Herstellung von Keramik, Glaswaren und Ziegeln. Insbesondere die Herstellung von Feinkeramik (*terra sigillata*) führte zur Bildung von regionalen Produktionszentren mit größeren Betrieben.

Straßenszene in Pompeji →

Handel

Neben den kleinen Werkstätten mit Laden, die den Verkauf der produzierten Waren selbst übernahmen, gab es im Römischen Reich auch reine Händler. Hierbei muss aber zwischen einem lokalen Handel mit Gegenständen des täglichen Bedarfs und einem organisierten Fernhandel mit Luxusgütern aller Art unterschieden werden. Letzterer erstreckte sich bis nach Nordeuropa, Nordafrika und an die Westküste Indiens. Auch mussten Massengüter wie Getreide, Öl oder Wein in großen Mengen gehandelt und transportiert werden, um die großen Städte des Reiches, allen voran Rom, zu versorgen. Hierbei kam dem Wassertransport und dem Bau von Häfen eine große Bedeutung zu. So entstand seit der Zeit von Kaiser Claudius nördlich der Stadt Ostia bei Rom ein beachtlicher Hafen, der die Versorgung der Hauptstadt sichern sollte. Dort entwickelte sich ein für die Zeit riesiges Hafenbecken mit großen Magazinen und Lagerhallen. Mit der Zeit entfaltete sich eine quirlige Hafenstadt mit zahlreichen repräsentativen Bauten und einer Bevölkerung von etwa 50.000 Menschen.

Wie auch im Fall des Handwerks kam es bei den Händlern zu vielfältigen Spezialisierungen. Diese konnten sich nach der Art der Waren oder aber auch nach Regionen richten. So spezialisierten sich nur bestimmte Händler auf den Warenaustausch mit Britannien oder Dakien.

Innenansicht des Pantheon →

Römischer Kaufladen ↓

WISSENSCHAFT UND TECHNIK

Die Stellung von Wissenschaft und Technik

Im Vergleich zu den Griechen, die für ihre Naturphilosophen und Wissenschaftler bekannt waren, besaßen Wissenschaft und Technik für die Römer eine eher untergeordnete Bedeutung. Naturwissenschaftliche Forschung blieb den Römern immer fremd. Ihnen ging es nie um die Beantwortung grundlegender wissenschaftlicher Fragen, sondern bestenfalls um die Lösung praktischer Probleme. Sie waren vor allem an der Verwertbarkeit naturwissenschaftlicher Erkenntnisse interessiert. Dabei erzielten sie dann aber auch durchaus beachtliche Erfolge.

Das naturwissenschaftliche Wissen der Zeit wurde von den römischen Gelehrten aber durchaus in großen Sammelwerken zusammengefasst und damit für die Nachwelt festgehalten. Dazu gehörte beispielsweise die Schrift *Naturalis historica* von Plinius dem Älteren oder die Übersetzung griechischer medizinischer Schriften ins Lateinische durch Galeneos von Pergamon, der sie dadurch für das Mittelalter bewahrte. Alle diese Werke sollten nicht als abschließende Fixierung von Wissen verstanden werden, sondern vielmehr als Basis für die Gewinnung neuen Wissens dienen.

Römische Gelehrte

Auch in römischer Zeit gab es natürlich bedeutende Gelehrte und wissenschaftlichen Fortschritt. Neben dem bereits erwähnten Plinius dem Älteren ist hier vor allem Claudius Ptolomaeus zu nennen, der im Bereich der Astronomie forschte. Claudius Ptolomaeus verband ältere astronomische Untersuchungen mit eigenen Studien zu einem System der Himmelsbewegungen. Auch wenn sein geozentrisches Weltbild falsch war, blieb es doch bis zu Nikolaus Kopernikus für Europa bestimmend. Neben zahlreichen weiteren Untersuchungen im Bereich der Astronomie und Optik bildeten Claudius Ptolomaeus' geografische Forschungen einen Meilenstein der Wissenschaftsgeschichte. Diese fasste er in seiner Schrift *Geographie* zusammen, in der er unter anderem die Längen- und Breitengrade von etwa 8.000 Orten bestimmte.

Der bereits erwähnte Galeneos von Pergamon, der später als Leibarzt von Kaiser Aurel tätig war, entwickelte das medizinische Wissen der Zeit weiter. In zahllosen Schriften äußerte er sich zu fast allen Gebieten der Medizin. Dabei verstand er Medizin nicht nur auf das rein Fachliche beschränkt, sondern äußerte sich auch zu ethischen Fragen, dem Selbstverständnis der Ärzte oder aktuellen Ausbildungsproblemen.

Römischer Erfindergeist

Die Betrachtung der technischen Entwicklung in römischer Zeit ergibt insgesamt ein sehr widersprüchliches Bild. Sicherlich ging es auch den Römern darum, Erträge zu maximieren, Materialien und Energie möglichst sparsam einzusetzen und die Autonomie des Menschen zu steigern. Tatsächlich waren bedeutende technische Innovationen in römischer Zeit selten. Stattdessen zeigten einmal eingeführte Techniken und Verfahrensweisen ein ungemein hohes Beharrungsvermögen.

Ein Beispiel für einen hohen technischen Stand ist sicherlich das Bauwesen. Römische Ingenieure entwickelten beispielsweise einen Mörtel, der die Entstehung von Großbauten überhaupt erst möglich machte. Auch meisterten die römischen Baumeister verschiedene architektonische Herausforderungen wie beispielsweise den Bau von Kuppeln oder Gewölben. Schließlich entwickelten die Römer zahlreiche Werkzeuge und Hilfsmittel für verschiedene Bereiche des täglichen Lebens. Dazu gehörten Baukräne und Flaschenzüge oder das Rechenbrett. Auch im militärischen Bereich wurden wirkungsvolle Maschinen entwickelt, darunter ein zielgenaues Pfeilgeschütz und ein Belagerungsgeschütz mit einer Reichweite von 300 Metern.

Auf der anderen Seite war der Erfindungsreichtum der Römer in vielen Bereichen eher unterentwickelt, was sicherlich auf der Tatsache beruhte, dass viele der täglichen Arbeiten und Herausforderun-

Das Kolosseum ↓

gen durch den Einsatz von Sklaven und schon vorhandenen Werkzeugen sehr gut zu bewältigen waren. So wurde die bereits in römischer Zeit bekannte Wassermühle kaum genutzt oder nie ein sinnvolles Ge-schirr für Zugtiere entwickelt. In der See-fahrt wurde am Einmaster festgehalten und die Nutzung von Windkraft blieb un-entdeckt. Die Liste der naheliegenden, nicht gemachten Erfindungen ist lang.

KUNST UND KULTUR

Griechischer Einfluss und römische Eigenständigkeit

Schon in den Anfängen der Stadt Rom wirkte der griechische Einfluss auf die Kunst, Kultur und Religion der Römer. Im Gegensatz zu den Griechen spielten Kunst und Kultur im Römischen Reich lange Zeit nur eine untergeordnete Rolle. Dies wurde schon von den römischen Zeitgenossen an-gemerkt, die sich diese Tatsache mit der Fixierung der römischen Oberschicht auf politische und militärische Leistungen er-klärten. Dementsprechend war man in Rom von Anfang an auf Gedanken des Nützlichen und Praktischen verfallen. Be-sonders deutlich wurde diese Grundein-stellung der Römer den Zeitgenossen dann in der Frage des Städtebaus. Wo für die Griechen die Schönheit einer Stadt Thema war, ging es den Römern mehr um Zweck-mäßigkeit, die sich im Bau von Straßen, Wasserleitungen und Abwasserkanälen zeigte. Während die römischen Leistungen auf dem Gebiet der Kunst und Kultur also nicht an die der Griechen heranreichte, entwickelten die Römer auf griechischer Basis doch eine eigenständige Kunst und Kultur sowie Religion, die im Folgenden in Grundzügen beschrieben werden sollen.

Kunst

Im Bereich der Kunst orientierten sich die Römer zunächst wie in vielen anderen ge-sellschaftlichen Fragen auch an etruski-schen und griechischen Vorbildern. Es dauerte lange, bis die Römer eigene Aus-drucksformen in der Kunst entwickelten. Noch im 2. Jahrhundert v. Chr. betrieben die Römer einen ausgedehnten Kunstraub, durch den sie fremde Kulturgüter aus den unterworfenen Landstrichen in Europa, Afrika und Asien nach Rom brachten.

Wie bereits in den vorigen Abschnitten angesprochen, hatten die Architektur und das Bauwesen für die Römer zunächst die größte Bedeutung. Allerdings spielte auch hier weniger die Schönheit der Gebäude, sondern vielmehr ihre Nützlichkeit eine Rolle. Wenn wir heute an Rom denken, so haben wir die Bauten vor Augen, die bis heute erhalten sind und uns die hohe rö-mische Baukunst deutlich machen. In al-len großen römischen Städten existierten neben Wohn- und Wirtschaftsgebäuden zahlreiche große öffentliche Bauten, wie beispielsweise Tempel, Theater, Stadtbe-festigungen oder Bauten der Wasserver-sorgung. Auch in den ehemaligen römi-schen Provinzen sind einige römische

↑ *Hausphilosoph*

Bauwerke bis heute erhalten, wie beispielsweise die Porta Nigra oder die Palastaula in Trier.

Porträts, Plastiken und Reliefs

Eine Besonderheit der römischen Kultur war das Bedürfnis, bedeutende Vorfahren und Ereignisse in Porträts und Reliefs festzuhalten und damit im kollektiven Gedächtnis zu bewahren. Porträts entstanden vor allem in Form von Standbildern und Büsten, die ihre Originalvorlage in der Toga oder in der Rüstung zu Fuß oder auf dem Pferd zeigten. Die Besonderheit der römischen Porträts liegt in der Tatsache, dass sie weniger idealisierten, sondern versuchten, die Eigenart des Individuums festzuhalten.

Für die Ausstattung ihrer luxuriösen Häuser verlangte die römische Oberschicht nach Plastiken, die man zunächst aus Griechenland kommen ließ. Als die römische Nachfrage nicht mehr befriedigt werden konnte, entstanden in Rom Werkstätten, die griechische Originalplastiken kopierten. Mit der Zeit entstanden dann aber auch Plastiken, die ganz im römischen Stil gestaltet waren oder zumindest eine Mischung aus griechischer und römischer Kunst darstellten.

Reliefs wurden auf Siegesmonumenten, Tempeln und anderen Gebäuden oder Sarkophagen angebracht. Sie hielten besondere Leistungen der Vorfahren fest und dokumentierten bestimmte Ereignisse. Ein bedeutendes Beispiel eines römischen Reliefs befindet sich auf der Trajanssäule in Rom. Das Relief, das sich um die Säule windet, hat eine Gesamtlänge von etwa 200 Metern und besteht aus 155 Einzelszenen mit etwa 2500 Figuren. Die mit Sockel fast 40 Meter hohe Siegessäule war im Jahr 113 n. Chr. von Kaiser Trajan in Rom aufgestellt worden. Die Szenen behandeln Ereignisse aus dem erfolgreichen Krieg gegen die Daker, den die Römer einige Jahre zuvor geführt hatten.

Malerei

Von der römischen Malerei sind leider keine Zeugnisse erhalten. Wir wissen aber, dass es im Römischen Reich verschiedene Formen der Malerei gegeben hat, wie beispielsweise die Historien- oder die Porträtmalerei. Einen beschränkten Eindruck von der römischen Malerei geben heute nur noch die Überreste von Wandmalereien in den luxuriösen Wohnhäusern der reichen Römer. Von ganz einfachen Formen entwickelte sich diese Art der Malerei schließlich hin zur Darstellung von Landschaften oder mythologischen Szenen. Zwischenzeitlich waren Malereien weit verbreitet, die mit illusionistischen Techniken Räume erweiterten. In den Ruinen Pompejis finden sich heute noch die Reste großer Figurenbilder und zyklische Darstellungen. Diese bildeten letzte Höhepunkte in der Entwicklung der römischen Malerei.

Musikalische Unterhaltung ↓

↑ *Wandmalereien aus Pompeji* ↑

Mosaik

Das von den Griechen übernommene Mosaik setzte sich in Italien ab dem Ende des 2. Jahrhunderts v. Chr. auch im Römischen Reich durch. Die ältesten Mosaiken in römischen Häusern waren schwarze Darstellungen auf weißem Grund. Es dominierten mythologische Szenen oder Szenen aus dem Lebensalltag der Menschen. Mehrfarbige Mosaiken entstanden erst später, breiteten sich dann aber über das gesamte Römische Reich aus, mit einem Verbreitungsschwerpunkt in den römischen Provinzen Nordafrikas. Dort waren Szenen aus der Feldarbeit oder der Jagd beliebte Motive für Mosaiken. Ein bedeutendes Beispiel für die römische Mosaikkunst liefert die Villa Romana del Casale auf Sizilien, wo Mosaiken mit einer Fläche von 3.500 m² erhalten sind. Sie stammen aus der zweiten Hälfte des 4. Jahrhunderts n. Chr.

Literatur

Im religiösen und juristischen Bereich spielte vermutlich schon früh das Verfassen von Texten eine Rolle, für die bald verbindliche Formulierungen festgelegt wurden. Insbesondere kultische Texte wurden beständig wiederholt, bis ihr Sinn schließlich nicht mehr verstanden wurde. Darüber hinaus entstanden auch schon früh Texte im Bereich des Brauchtums, beispielsweise Erntelieder oder Texte für Feiern aller Art. Literatur im engeren Sinne wurde dagegen erst im 3. Jahrhundert v. Chr. mit der Übersetzung griechischer Theaterstücke ins Lateinische in Rom populär. Später entstanden dann eigene römische Theaterdichtungen.

Von besonderer Bedeutung für die Römer war die Geschichtsschreibung, denn sie diente der Oberschicht zur Darstellung von Handlungen und war ein politisches Instrument. Viele römische Historiker waren eigentlich Senatoren. Außerdem diente sie der Legitimation von Herrschaft, beispielsweise einzelner Adelsgeschlechter. Insgesamt kennzeichnete sich die römische Geschichtsschreibung durch moralische Wertungen, bei denen Niederlagen und Rückschläge in der Entwicklung Roms häufig als Abfall von den Göt-

Virgil ↑

Cicero ↑

tern oder alter bewährter Sitten gedeutet wurden.

Die römische Dichtung erreichte ihren Höhepunkt in der Zeit von Kaiser Augustus. Hier sind vor allem die Dichter Vergil, Horaz und Ovid zu nennen, die verschiedene Dichtwerke schufen, die bis heute erhalten sind. Während Ovid Kaiser Augustus in seinen Werken demonstrativ verehrte, wahrten die beiden anderen Genannten weitaus mehr Distanz. Horaz schuf mit seiner Äneis ein herausragendes Werk über die römische Geschichte, in dem Mythos und Geschichte miteinander verwoben sind.

Den Höhepunkt erreichte die römische Literatur aber zuvor mit Marcus Tullius Cicero, der der Nachwelt zahlreiche Schriftwerke hinterließ. Dazu gehören ein umfangreicher Briefwechsel, rhetorische Schriften sowie verschiedene politische und philosophische Arbeiten. Obwohl Marcus Tullius Cicero und sein Werk nicht überbewertet werden sollten, hat er sich doch um die Entwicklung der lateinischen Sprache und die Erweiterung des geistigen Lebens in Rom verdient gemacht.

Mit der Epoche Kaiser Neros kam es zu einer zweiten Blütezeit der römischen Literatur, in der sich die römischen Schriftsteller erstmals auch auf römische Vorbilder stützen konnten. Einer der bekanntesten Namen ist Seneca der Jüngerc, der neben philosophischen Schriften auch mehrere Tragödien verfasste.

Pantheon ↓

RELIGION

Religiosität

Die Religion besaß innerhalb des römischen Staates eine besondere Bedeutung. Von Weihesteinen bis hin zu Tempeln wurden zu Ehren der Götter steinerne Bauwerke errichtet. Auch spielten religiöse Handlungen eine große Rolle, beispielsweise im Vorfeld von längeren Reisen oder innerhalb der Familie. Dabei wurden religiöse Riten über Generationen weitergegeben und von allen Beteiligten streng befolgt. Diese Riten sowie die Darbietung von Opfergaben sollten das Verhältnis zu den Göttern angenehm und wohlwollend gestalten. Es musste auf alle Fälle verhindert werden, dass man sich den Zorn der Götter zuzog. Die Römer schlossen mit ihren Göttern regelrechte Verträge. Für ein Opfer wurde eine entsprechende Gegenleistung erwartet.

Die Vielfalt der römischen Götterwelt und der praktizierten Kulte war beachtlich und in Bereichen sehr wechselhaft. Dabei konnten auch die römischen Kaiser den Status von Göttern erhalten und dementsprechend nach ihrem Tod verehrt werden.

Götter

Die Römer verehrten zunächst keine personifizierten Götter, sondern göttliche Kräfte, die über das Schicksal der Menschen bestimmten. Diese Kräfte wurden Numen genannt und konnten den Erscheinungen der Natur, beispielsweise einem Baum oder Fluss, innewohnen. Erst unter dem kulturellen Einfluss der Etrusker und Griechen nahmen die römischen Götter allmählich Gestalt an. Die Vorstellung der Numen verschmolz nun mit den Göttern der Griechen.

Die alten römischen Götter:
- Ianus, Gott des Hauses und des Feldes
- Saturn, Gott der Saat und der Erde
- Consus, Gott der Ernte
- Flora, Göttin der Blüten und Blumen
- Pomona, Göttin des Obstes
- Faunus, Gott der Berge
- Silvanus, Gott des Waldes
- Pales, Gott der Herden und Weiden
- Liber, Gott des Weinbaus
- Genius, persönlicher Schutzgeist eines jeden Menschen
- Terminus, Beschützer der Grenzen

Durch den Kontakt zu den Etruskern und Griechen entstand auf römischer Seite ein neues Götterbild, das ebenfalls zwölf Götter kannte, die im Wesentlichen den Göttern der Griechen entsprachen.

Die neuen römischen Götter:
- Iupiter, oberster Gott
- Iuno, Göttin des Weiblichen, Frauen, Ehe, Geburt
- Minerva, Göttin der Künste und Wissenschaften

Venus ↑

Vestalin ↑

- Hestia, Göttin des Herdfeuers
- Ceres, Göttin des Ackerbaus
- Mars, Gott der Soldaten und des Militärs
- Merkur, Gott des Handels
- Venus, Göttin der Liebe und der Schönheit
- Neptun, Gott der Wassers
- Vulcanus, Gott des Feuers und der Schmiedekunst
- Apollo, Gott der Künste
- Diana, Göttin der Jagd

Neben den genannten Göttern wurden bei den Römern auch verschiedene Schutzgeister verehrt, die Laren, Penaten und Manen. Die Laren waren die Schutzgötter des Hauses, die Penaten die Schutzgötter der Hausbewohner. Erstere waren an das Haus gebunden und blieben auch dort, wenn die Familie es verließ. Die Penaten dagegen blieben immer bei den Hausbewohnern und zogen auch mit, wenn diese das Haus verließen. Bei den Manen handelte es sich um die Seelen der Verstorbenen, die von den Lebenden verehrt wurden. Außerdem wurde ein jährliches Fest zu Ehren der Manen veranstaltet.

Priesterinnen und Priester

Wie bereits an anderer Stelle kurz erwähnt, war der König in der römischen Frühzeit zugleich oberster Priester und für die verschiedenen religiösen Aufgaben im Staat zuständig. Mit der zunehmenden Komplexität des religiösen Lebens und den wachsenden Aufgaben entstand mit der Zeit eine größere staatliche Priesterschaft. Dazu gehörte der oberste staatliche Priester, der *pontifex maximus*.

Die Priester im Römischen Reich waren männlich, mit Ausnahme der Vestalinnen, der einzigen weiblichen Priester. Bei den Vestalinnen handelte es sich um sechs, ab der Spätantike um sieben Priesterinnen der römischen Göttin Vesta. Die Vestalinnen wurden im Alter von etwa sechs bis zehn Jahren vom obersten römischen Priester (*pontifex maximus*) berufen und mussten eine mindestens 30-jährige Dienstzeit verrichten. Ihre Aufgaben waren das Hüten des Herdfeuers im Tempel der Vesta sowie das Heranschaffen von Wasser aus der heiligen Quelle der Nymphe Egeria, das zur Reinigung des Tempels verwendet wurde. Die Vestalinnen waren zu Keuschheit und Jungfräulichkeit verpflichtet, besaßen dafür aber die volle rechtliche Selbstständigkeit, was beispielsweise die uneingeschränkte Verfügungsgewalt über ihr Vermögen beinhaltete.

Religiöse Toleranz

Die römische Politik zeichnete sich lange Zeit durch Toleranz und Duldung im religiösen Bereich aus. Staatliche Eingriffe erfolgten hier selten. Ein Beispiel für römische Toleranz sind die Mysterienreligionen, von denen der Mithraskult der bedeutendste war. Allen religiösen Kulten war gemein, dass sie über ein eindrucksvolles Aufnahmeritual verfügten. Außerdem wurden außergewöhnliche Kultakte praktiziert, wie die kultische Reinigung durch das Besprengen mit dem frischen

Blut eines rituell geschlachteten Stieres. Alle Kulte versprachen ihren Anhängern persönliches Heil und das Leben nach dem Tod.

Judentum und Christentum

Innerhalb des Römischen Reiches gab es lediglich zwei monotheistische Glaubensvorstellungen: das Judentum und das Christentum. Anfangs profitierte auch das Judentum von der religiösen Toleranz der Römer. Mit den jüdischen Aufständen gegen Rom änderte sich diese Situation allerdings, so dass es zu einer vollen Integration des Judentums in den römischen Staat nicht mehr kommen konnte.

Judentum und Christentum gerieten naturgemäß mit dem römischen Staat in der Frage des Kaiserkultes in Konflikt. Außerdem lehnten es beide Religionen ab, Opfer für die Götter des Staates zu bringen.

Die Verfolgung der Christen durch den römischen Staat ist allgemein bekannt. Kaiser Nero schob den Christen die Schuld am Brand Roms im Jahr 64 n. Chr. zu und auch andere römische Kaiser verfolgten die Christen mit großer Brutalität. Trotz aller Verfolgung breitete sich das Christentum aber mehr und mehr aus. Eine einheitliche Organisationsstruktur setzte sich dabei jedoch erst spät durch. Im 2. Jahrhundert n. Chr. verbreitete sich das Bischofsamt und etwa 100 Jahre später fanden die ersten Synoden statt.

Religiöses Opfer ↓

DIE RÖMISCHE GESELLSCHAFT

Soziale Struktur

Die bedeutendste Gruppe innerhalb der Führungsschicht des Römischen Reiches bildete der römische Senat. Die Angehörigen der senatorischen Familien durchliefen eine bestimmte Ämterabfolge (*cursus honorum*), die bis zum Konsulat führen konnte. Allerdings erreichten dieses Amt nur weniger als die Hälfte aller Senatoren. Wer aber einmal Konsul war, gehörte zur politischen Führungsspitze des Reiches und konnte Statthalter einer größeren Provinz werden. Neben ihren politischen Ämtern strebten die Senatoren in den meisten Fällen auch die Besetzung eines der hohen religiösen Ämter an. Dadurch konnten sie ihr soziales Prestige innerhalb der römischen Gesellschaft erhöhen. Die wirtschaftliche Grundlage der Senatoren war ihr Grundbesitz.

Mit dem Senatorenstand eng verbunden war die Ritterschaft, deren Mitglieder vom römischen Kaiser ernannt wurden. Voraussetzungen zur Aufnahme in den Ritterstand waren die freie Geburt seit mindestens zwei Generationen sowie ein Mindestvermögen von 400.000 Sesterzen. Ein Teil der Ritterschaft war im römischen Heer und der Reichsverwaltung tätig, der Großteil aber als Großgrundbesitzer oder Geschäftsmann.

Die freien römischen Bürger verloren im Laufe der römischen Geschichte ihre politische Stellung und ihren Einfluss auf die Regierung des Römischen Reiches. Darüber hinaus boten sich ihnen kaum genug Betätigungsfelder innerhalb der römischen Wirtschaft. Für sie wurde die römische Armee mit ihren Verdienst- und Aufstiegsmöglichkeiten interessant. Der große Teil der freien römischen Bürger kam aber nur mehr schlecht als recht durch handwerkliche Arbeiten oder den Kleinhandel über die Runden.

Auspeitschung eines Sklaven ↑

Die Freigelassenen lebten auf einem ähnlichen Niveau wie die freien römischen Bürger. In Einzelfällen konnten sie aber auch großen Reichtum und hohen politischen Einfluss erlangen. Schließlich existierte die große Gruppe der Sklaven, die vor allem in der Landwirtschaft tätig waren. Ihre Lage war naturgemäß eher schlecht, auch wenn einzelne Sklaven zu großem Ansehen gelangen konnten. Im Laufe der Zeit wurden die größten Exzesse beim Umgang mit Sklaven beseitigt.

Familie

Die römische Familie war die Grundeinheit des Staates. Sie umfasste alle diejenigen Personen, die unter einem Dach wohnten. Dazu gehörten neben den Eltern und ihren Kindern auch deren Ehegatten und Nachkommen; außerdem die Sklaven und Freigelassenen, die für die Eltern im Haus oder in der Landwirtschaft arbeiteten. An der Spitze der Familie stand der Familienvater, der *pater familias*, der die unbeschränkte Macht über alle Mitglieder der Familie besaß. In der Frühzeit des Römischen Reiches standen die Söhne bis zum Tod ihres Vaters unter dessen Herrschaft (*patria potestas*). Später konnte ein Sohn aus der väterlichen Gewalt entlassen werden (*emancipatio*).

Die Macht des Familienvaters zeigte sich vor allem in der Verfügungsgewalt über den Besitz der Frau und die Entscheidungsgewalt über die Aussetzung neugeborener Kinder. Dies geschah, wenn der Vater ein Kind nicht aufziehen konnte oder wollte. Letzteres konnte beispielsweise der Fall sein, wenn das Kind ein Mädchen war.

Im Römischen Reich gab es unterschiedliche Formen der Ehe. Die Manusehe verlieh dem Ehemann die absolute Macht über seine Frau. Durch sie ging der gesamte Be-

Römische Matrone ↑

sitz der Frau in die Hand des Ehemanns über, der seine Frau für alle „Vergehen" bestrafen konnte. Dies konnte sogar bis zur Tötung der Ehefrau durch ihren Mann gehen. Die Manusehe wurde ab der Zeit der späten römischen Republik und der frühen Kaiserzeit aber kaum noch praktiziert. Stattdessen setzte sich eine Form der Ehe durch, bei der die Frau rechtlich weiterhin ihrer Herkunftsfamilie angehörte. Die Frau durfte ihren Besitz behalten und eine Scheidung der Ehe war durch eine einfache Willensbekundung möglich.

Unterstand eine Frau keiner Gewalt eines Familienvorstandes, durfte sie zwar Eigentum besitzen und am wirtschaftlichen Leben teilnehmen, musste aber einen Vormund haben. Dieser verlor im Laufe der römischen Geschichte aber mehr und mehr an Bedeutung und wurde in der römischen Kaiserzeit schließlich nicht mehr vorausgesetzt.

Erziehung

Die Erziehung der Kinder spielte in der römischen Familie nur eine geringe Rolle.

Schreibgeräte ↓

Während in der Frühzeit des Römischen Reiches die Kindererziehung noch in der Hand der Mutter lag, änderte sich dies spätestens in der Kaiserzeit. Die Erziehung der Kinder lag in dieser Epoche vor allem in den Händen von Ammen und Sklaven.

Neben der häuslichen Erziehung existierte ein dreistufiges Schulsystem, das die Kinder ab einem Alter von sieben Jahren durchliefen. In den Elementarschulen (*ludi litterarii*) wurden die Kinder in Lesen, Schreiben und Rechnen unterrichtet. Auf der nächsten Stufe folgten die Grammatikschulen, die ihren Schülern die griechische Sprache und Literatur, später auch in Verbindung mit den römischen Klassikern, vermittelten. Die höchste Stufe bildeten schließlich die Rhetorenschulen. Dort wurden die Kinder der römischen Oberschicht auf ihre spätere Tätigkeit in Staat und Politik vorbereitet.

Da die römischen Kinder bereits sehr früh als volljährig galten, endeten Erziehung und Ausbildung ebenfalls entsprechend früh. Während Jungen mit 14 Jahren volljährig wurden, war das bei Mädchen sogar schon mit zwölf Jahren der Fall. Letztere wurden in der Regel bereits im Alter zwischen 13 und 17 Jahren verheiratet.

Lebensunterhalt

Das Leben der Römer wurde in erster Linie durch die Sorge um den eigenen Lebensunterhalt und die täglichen Verpflichtungen bestimmt. Im

Bestrafung eines Schülers →

Tuchwalker ↓

Gegensatz zu den Unterschichten waren die Angehörigen der reichen römischen Oberschicht von der täglichen Sorge um ihren Lebensunterhalt allerdings weitgehend befreit. Sie lebten von den landwirtschaftlichen Erträgen ihrer Ländereien. Stattdessen gingen sie ihren politischen Verpflichtungen nach, die vor allem gegenüber ihrer Klientel bestanden. Dadurch verbrachten sie einen Teil des Tages mit politisch-wirtschaftlichen Gesprächen und den Aufwartungen ihrer Klienten. Darüber hinaus nahmen die Mitglieder der römischen Oberschicht selbstverständlich an den Senatssitzungen oder Gerichtsverhandlungen sowie den Zusammenkünften der Kommissionen und Kollegien teil. Trotz dieser Verpflichtungen blieb den Mitgliedern der römischen Oberschicht in der Regel aber noch genügend Zeit für private Vorlieben und Vergnügungen, wie der Besuch der Spiele oder der Thermen.

Die Mitglieder der Unterschichten mussten natürlich einem Beruf nachgehen, um ihren Lebensunterhalt bestreiten zu können. In den Städten, vor allem in den kleineren Provinzstädten, arbeitete ein Teil der Bevölkerung als Bauern auf den umliegenden Gütern. Daneben waren in den Städten aber auch Handwerker und Kaufleute tätig. Viele von ihnen verfügten über einen kleinen eigenen oder gepachteten Betrieb, in dem sie alleine oder mit Sklaven und Freigelassenen arbeiteten. Einige Handwerker waren aber auch in den größeren Werkstätten vermögender Römer tätig. Insgesamt genoss das Handwerk in römischer Zeit aber nur ein geringes Ansehen. Um ihre gesellschaftliche Stellung zu verbessern, schlossen sich die

Mitglieder der einzelnen Handwerksberufe zu Vereinen (collegia) zusammen. Außerdem übernahmen sie soziale Aufgaben für ihre Mitglieder. Beispielsweise wurden aus den Beiträgen der Mitglieder und den Spenden reicher Römer bessere Mahlzeiten ermöglicht sowie angemessene Begräbnisse finanziert.

Die Mitglieder der Unterschicht waren aber auch in den „höheren" Berufen tätig, darunter ein nicht geringer Anteil von Sklaven und Freigelassenen. Zu diesen Berufen gehörten beispielsweise Juristen, Gutsverwalter, Ärzte oder Künstler und Musiker. Obwohl einzelne Mitglieder dieser Berufszweige ein hohes Ansehen erlangen konnten, ähnelte das Ansehen dieser Berufe dem der Handwerker.

Die Lebenssituation der untersten Schichten war schwierig. Insbesondere in Rom lebten sie unter unwürdigen Verhältnissen und litten unter schlechten Arbeitsbedingungen sowie mangelhafter Ernährung und Kleidung. Diese Gruppe wurde wiederholt von der reichen römischen Oberschicht unterstützt. Eine Form der Unterstützung der Unterschichten war die regelmäßige Versorgung mit Getreide durch den römischen Kaiser.

Wohnen

Für das römische Italien lassen sich zwei Arten von Häusern unterscheiden: das Einzelhaus (domus) und die Mietshäuser der insulae. Bei den Einzelhäusern handelte es sich in der Regel um die Stadtvillen der reichen Römer, die eine Fläche von 900 m² einnehmen konnten. In den meisten Fällen kennzeichneten sich diese Häuser durch einen zentralen rechteckigen Innenraum in der Mitte des Gebäudes, von dem aus die umliegenden Räume zugänglich waren. Dieser als Atrium bezeichnete Raum war nach oben hin offen, so dass der Raum Licht erhalten konnte. Außerdem gehörten ein oder mehrere Peristyle zur römischen Stadtvilla. Dabei handelte es sich um einen rechteckigen Hof, der auf allen Seiten von durchgehenden Säulenhallen umgeben war. In der Mitte des Hofes befand sich eine Gartenanlage mit Springbrunnen. Insgesamt muss man sich vor Augen führen, dass die römische Stadtvilla mit ihrem lichtdurchfluteten Atrium, dem mit Garten, Brunnen und Kunstwerken bestückten Peristyl sowie den mit Wandmalereien und Mosai-

Innenansicht eines römischen Hauses ↓

ken gestalteten Räumen angenehm zu bewohnen war. Auch sorgten technische Einrichtungen wie Fußbodenheizungen und ein Anschluss an das Wasserverteilungssystem der Stadt für einen gewissen Wohnkomfort.

Im Gegensatz zu den Stadtvillen stand das Wohnen in den Mietshäusern der *insulae*. Diese Häuser bestanden aus mehreren Stockwerken und konnten über 18 Meter hoch sein. Im Erdgeschoss befanden sich häufig Läden und Werkstätten. In den einzelnen Stockwerken lagen dann die Wohnungen, die auf jeder Etage immer winziger und dunkler wurden. Hier war das Wohnen nicht nun unangenehm, sondern aufgrund häufiger Brände auch sehr gefährlich.

Kleidung

Die römischen Männer trugen die Toga. Dabei handelte es sich um ein großes weißes Wolltuch, dessen Anlegen aufgrund der notwendigen Faltung nicht gerade einfach war. Im Laufe der römischen Geschichte entwickelte man daher verschiedene modische Alternativen, wie die *dalmatica*, ein Obergewand mit weiten, langen Ärmeln, oder die *paenula*, ein einfaches, ärmelloses, trichterförmiges Gewand. Als Unterkleidung diente die Tunica, ein hemdähnliches Kleidungsstück mit kurzen Ärmeln. Dieses wurde auch in der Nacht nicht abgelegt.

Die Frauen trugen über einer sehr langen Tunica eine bis zu den Fußknöcheln reichende, in der Taille gegürtete Stola. Später kam das weite Obergewand der Stola in Mode. Die sehr einfache Kleidung der Frauen wurde durch die Verwendung von Schmuck sowie wechselnde Frisuren ergänzt. Frauen wie Männer trugen Schuhe oder Sandalen aus Leder. Kopfbedeckungen wurden nicht getragen, allerdings wurde bei Gebeten und Opferhandlungen die Toga über den Kopf gezogen.

Insgesamt wies die Kleidung der Römer im Alltag nur sehr geringe Standesunterschiede auf. Die Toga der Patrizier kennzeichnete sich beispielsweise durch einen Pupurstreifen. Außerdem trugen die Patrizier einen speziellen purpurverzierten Reitermantel sowie einen sogenannten Patrizierschuh.

Ernährung

Die Römer kannten drei Mahlzeiten. Die erste Mahlzeit wurde unmittelbar nach dem morgendlichen Aufstehen eingenommen und bestand in der Regel aus Brot und Käse. Nach diesem Frühstück (*ientaculum*) folgte im Tagesablauf das Mittagsmahl (*prandium*), das sich aus Brot, kaltem Fleisch und Obst zusammensetzte. Die Hauptmahlzeit des Tages nahmen die Römer erst gegen Abend ein. Insgesamt war das Essen der Römer sehr einfach. Neben Brot wurde Gemüse, Käse und Obst gegessen, während Fleisch eher selten war. Das luxuriöse Speisen der römischen Oberschicht, das wir aus vielen Filmen kennen, entstand erst im 1. Jahrhundert n. Chr. In dieser Zeit nahm die römische Speisetafel immer opulentere Formen an. Trotzdem hielt sich auch in dieser Zeit das abendliche Essen der Römer in den meisten Fällen in Grenzen.

In der Regel bestand die abendliche Hauptmahlzeit der Römer aus drei Gängen. Im ersten Gang (*gustum*) wurden mehrere kleine Vorspeisen gereicht, darunter beispielsweise Gemüse, Fisch oder Muscheln. Als Getränk diente häufig Honigwein (*mulsum*). Der zweite Gang (*mensae primae*) bestand aus Fleisch oder Geflügel, zu dem nun ein mit Wasser verdünnter Wein getrunken wurde. Den Abschluss der Mahlzeit (*mensae secundae*) bildeten Obst und Süßigkeiten. Damit verbunden war dann in vielen Fällen ein ausgedehntes Weingelage.

Durch die Überlieferung eines römischen Kochbuches von Marcus Gavius Apicius aus dem 1. Jahrhundert n. Chr. sind uns heute verschiedene römische Rezepte bekannt. Außerdem wissen wir, dass die Römer noch keine Gabel kannten und lediglich Messer und Löffel benutzten. Es wurde im Liegen mit den Fingern gegessen, die zwischendurch mehrfach gewaschen wurden.

Trinkgelage in Pompeji ↓

Im Gegensatz zu den Stadtvillen besaßen die Mietwohnungen der Städte keine Küchen, in denen die Bewohner ihre Speisen zubereiten konnten. Stattdessen wurde auf kleinen Kohlebecken vor den Häusern gekocht. Alternativ konnte das Essen auch in einer der zahlreichen Garküchen (*popinae*) gekauft werden.

Hygiene und Gesundheit

Die Menschen der römischen Antike waren permanent von Krankheit und Tod bedroht. Allerdings waren die hygienischen Verhältnisse wesentlich besser als in späterer Zeit. So verfügten die römischen Städte oftmals über eine funktionierende Wasserversorgung und Ableitung des Schmutzwassers. Außerdem existierten zahlreiche Thermen, die eine mehr oder weniger häufige Körperpflege ermöglichten.

Wenig ausgeprägt war dagegen die medizinische Versorgung. Die beste Versorgung genossen hier noch die Soldaten und Gladiatoren, für die ausgebildete Ärzte zur Verfügung standen. Im Gegensatz dazu gab es für die ärmeren Schichten der Bevölkerung keine Hilfe. Im Krankheitsfall übernahm die Familie die Pflege des Kranken. Ihr blieb dann oftmals nur der Besuch von Heiligtümern oder das Anbeten der Götter um Hilfe.

Römisches Bad ↓

Freizeit

In ihrer Freizeit besuchten die Römer das Theater oder gingen zu den Spielen. Außerdem war der Besuch der Thermen üblich. Schließlich spielte sich Freizeit bei den reichen Römern der Oberschicht auch zu Hause ab, wo die Einnahme gemeinsamer Mahlzeiten auch der Pflege gesellschaftlicher Kontakte diente. Insbesondere an den Abenden wurden Freunde und Bekannte eingeladen und große Weingelage gefeiert. Außerdem gab es Musikeinlagen oder es wurden Philosophen geladen, die Vorträge hielten.

Eingang zu einem Theater ↓

Die Theater, die sich nicht annähernd der Beliebtheit der Spiele erfreuten, zeigten komödienhafte Darstellungen. Die Qualität dieser Darstellungen war äußerst bescheiden. Dagegen wuchs auch in den Theatern die Bedeutung der Inszenierung, für die große Mühen aufgewendet wurden. Später wurden reine Vorlesungen sehr populär, die mehrere Stunden dauern konnten. Auch waren Pantomimen zeitweise weit verbreitet.

Die Freizeitgestaltung, die wir heute vor allem mit Rom verbinden, war der Besuch der Spiele im Amphitheater oder Circus. Ursprünglich dienten die Spiele der Ehre und dem Dank der Götter, bevor sie auch anlässlich militärischer Erfolge, der Leistungen von römischen Herrschern

oder zu bestimmten Gedenktagen abgehalten wurden. Mit der Zeit wurden die Spiele auch immer aufwendiger und kostspieliger. Wurden anfangs vor allem Theateraufführungen und Wagenrennen geboten, kamen später noch Tierhetzen oder Gladiatorenkämpfe hinzu. Mit dem wachsenden Aufwand für die Spiele war auch eine wachsende Grausamkeit verbunden. Den römischen Herrschern dienten die Spiele schon bald dazu, ihr Ansehen zu mehren und das römische Volk bei Laune zu halten Der Ausdruck „Brot und Spiele" (*panem et circenses*) des römischen Dichters Juvenal aus der Zeit des römischen Kaisers Domitian zeigt dabei sehr deutlich die zentralen Anliegen der römischen Bevölkerung. Juvenal verwendete den Aus-

Gladiatorenkampf ↓

druck in einer Satire, mit der er deutlich machen wollte, dass er dem römischen Volk nicht um die Politik des Reiches, sondern eben nur um Brot und Spiele ging.

Besonderer Beliebtheit erfreuten sich die Pferde- und Pferdewagenrennen, für die in Rom der *Circus maximus* diente, der 180.000 Plätze bot. An einem Renntag fanden bis zu 24 Rennen statt, mit Wagenge-spannen von bis zu zehn Tieren. Die Rennen wurden von Parteien (*factiones*) ausgetragen, die in unterschiedlichen Farben auftraten. Jede Partei hatte eigene Ställe und Trainingslager sowie eine eigene Anhängerschaft. Hinsichtlich der Anhängerschaft der Parteien fühlt man sich schnell an Fußballfans erinnert, die ihre Mannschaft lautstark unterstützen. Obwohl die

Der Circus Maximus in Rom ↓

Parteien zu den größten Massenorganisationen des Römischen Reiches zählten, erlangten sie nie eine besondere politische Bedeutung.

Ein weiteres Ereignis in den römischen Amphitheatern waren die Tierhetzen. Bei diesen ließ man Tiere gegeneinander oder Gladiatoren gegen Tiere kämpfen. Dabei wurden zahlreiche exotische Tierarten in die Arena geführt, darunter Löwen, Elefanten, Nashörner, Flusspferde und Krokodile. Im Laufe der Zeit nahm die Zahl der in den Spielen vorgeführten Tiere immer mehr zu. So wurden bei den Spielen unter Caesar bereits Hunderte von Löwen erlegt. Kaiser Commodus tötete bei Spielen mit eigener Hand mehrere Flusspferde, Elefanten, Nashörner und Giraffen.

Wie die Wagenrennen sind auch die Gladiatorenkämpfe für uns heute eng mit Rom verbunden. Sie begannen den Tierhetzen vergleichbar in kleinem Rahmen. Ursprünglich wurden Gladiatorenkämpfe zu Ehren eines Verstorbenen durchgeführt, dem das vergossene Blut zugutekommen sollte. Aber auch bei den Gladiatorenkämpfen nahmen die Zahl der Kämpfer sowie die Dauer der Kämpfe im Laufe der Jahrhunderte mehr und mehr zu. Im 1. Jahrhundert n. Chr. traten bei Gladiatorenkämpfen bereits mehrere Tausend Mann an. Der religiöse Zusammenhang ging dabei verloren und die gewalttätigen und blutigen Kämpfe dienten schließlich nur noch der Unterhaltung.

Als Gladiatoren traten Sklaven, Kriegsgefangene und Kriminelle an.

Darüber hinaus gab es aber auch freie Bürger, die als Gladiatoren in die Arena gingen. Das Gladiatorenwesen war gut organisiert. Es gab spezielle Unternehmer, die die Ausbildung von Gladiatoren übernahmen und im Auftrag der Magistrate die Ausrichtung der Spiele organisierten. Die Ausbildung der Gladiatoren erfolgte

Grabstein eines römischen Offiziers ↓

in Schulen, die nicht nur über gute Fecht-
meister, sondern auch über gute Ärzte
verfügten. Bei den Kämpfen wurden verschiedene Gladiatorengruppen unterschieden, die sich jeweils durch eine besondere
Kampfweise und Ausrüstung unterschieden.

Die Gladiatorenkämpfe zogen sich oft
tagelang hin. Die Zweikämpfe dauerten so
lange, bis einer der beiden Kämpfer getötet wurde oder aufgrund seiner schweren

Verletzungen aufgeben musste. Im letzteren Fall entschied der Veranstalter des
Spiels über Tod oder Leben des Betroffe-
nen.

Eine vergleichsweise harmlose Freizeit-
einrichtung waren die Bäder. Sie dienten
nicht nur der körperlichen Reinigung,
sondern boten verschiedene weitere Möglichkeiten, wie beispielsweise Gymnastik
oder Massage. Schließlich waren die Bäder wichtige Kommunikationseinrichtun-

Fang von Tieren für den Zirkus ↓

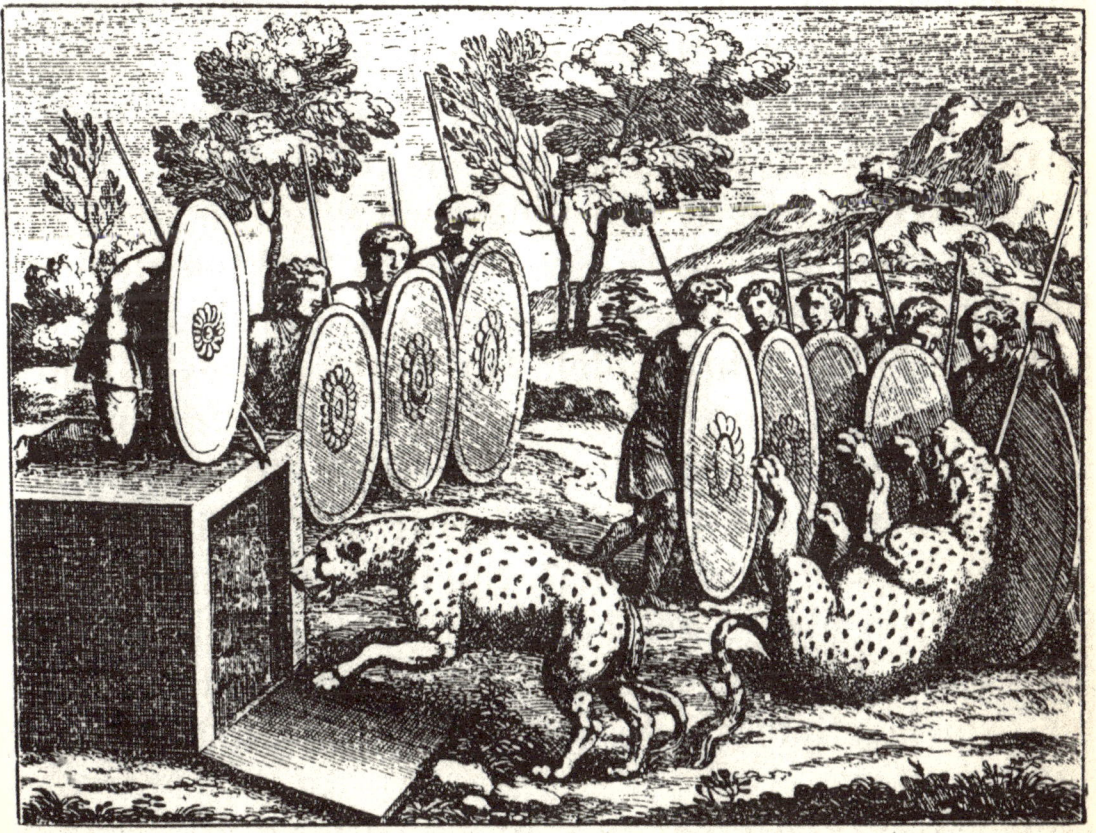

gen, in denen sich die einflussreichen Römer über politische und wirtschaftliche Fragen unterhielten. Da der Besuch der Bäder mit Kosten verbunden war, konnten sie nicht von allen Römern in gleichem Maße besucht werden.

Alter und Tod

Die durchschnittliche Lebenserwartung eines Römers lag zwischen 30 und 40 Jahren. Aufgrund von Kriegen, Krankheiten und einer sehr hohen Kindersterblichkeit

Via Appia ↓

war der Tod für die römische Gesellschaft immer präsent und prägte das Leben der Menschen sehr stark. Erreichte ein Mensch ein hohes Alter, so wurde er aufgrund dieser Tatsache geachtet. Er galt als weise und verkörperte gewissermaßen das moralische Gewissen der Gesellschaft.

Aufgrund der Allgegenwärtigkeit des Todes war die Sorge um eine angemessene Bestattung groß. Dies betraf auch die ärmeren Bevölkerungsschichten, die sich zu *collegia funeratica* zusammenschlossen, um sich ein angemessenes Begräbnis leisten zu können. Die reichen Römer ließen

sich dagegen mehr oder weniger aufwendige Grabsteine errichten, mit denen sie ihre letzte Ruhestätte markierten. Diese befanden sich an den großen Ausfallstraßen außerhalb der römischen Städte, beispielsweise an der Via Appia in Rom.

Lange Zeit bestanden Köperbestattung und Verbrennung nebeneinander, bevor sich ab dem 2. Jahrhundert n. Chr. die Körperbestattung mehr und mehr durchsetzte. Die Bestattung des Toten galt als heilige Pflicht des nächsten Angehörigen. Zum Begräbnisritual gehörten das Aufbahren des Toten im Haus sowie ein spezieller Leichenzug. Dabei kamen Fackelträger und Flötenspieler zum Einsatz. Außerdem wurden Frauen angestellt, die Klagelieder sangen, und Schauspieler, die Szenen aus dem Leben des Toten nachspielten. Wurde der Verstorbene verbrannt, dann geschah dies in der Regel erst an der Begräbnisstätte.

Römisches Grabmal ↓

TEIL 3:
ANHANG

ZEITTAFEL

Die Anfänge

21. April 753	Gründung Roms
753–509 v. Chr.	Herrschaft der sieben Könige

Die römische Republik

um 450 v. Chr.	Kodifizierung des römischen Rechts (Zwölftafelgesetz)
387 v. Chr.	Eroberung Roms durch die Kelten
340–338 v. Chr.	Latinerkrieg und Eingliederung der latinischen Städte in das Römische Reich
326–304 v. Chr.	Erster Samnitenkrieg
298–290 v. Chr.	Zweiter Samnitenkrieg
280–272 v. Chr.	Krieg gegen Pyrrhos von Epirus
264–241 v. Chr.	Erster Punischer Krieg
229 v. Chr.	Erster Illyrischer Krieg
218–201 v. Chr.	Zweiter Punischer Krieg
200–197 v. Chr.	Krieg mit Philipp V. von Makedonien
191–188 v. Chr.	Krieg mit Antiochos dem Großen
171–168 v. Chr.	Krieg mit Perseus von Makedonien
149–146 v. Chr.	Dritter Punischer Krieg

Das Ende der Republik

133, 123/122 v. Chr.	Reformversuche der Gracchen
91–89 v. Chr.	Bundesgenossenkrieg
83–80 v. Chr.	Bürgerkrieg und Neuordnung des Staates durch Lucius Cornelius Sulla
60 v. Chr.	Erstes Triumvirat
58–50 v. Chr.	Eroberung Galliens
49–45 v. Chr.	Bürgerkrieg
43–42 v. Chr.	Zweites Triumvirat
31–30 v. Chr.	Sieg von Gaius Octavius über Marcus Antonius

Die römische Kaiserzeit

27–23 v. Chr.	Begründung des Prinzipats durch Augustus
15–12 v. Chr.	Unterwerfung des Alpenraums
14–68	Julisch-Claudische Dynastie
43–84	Unterwerfung Britanniens
69–96	Flavische Dynastie
193–235	Severische Dynastie
212	Verleihung des römischen Bürgerrechts an alle Einwohner des Reiches
235–284	Herrschaft der Soldatenkaiser
284–305	Kaiser Diocletianus und die Einführung der Tetrarchie
376–378	Beginn der Völkerwanderung
406–408	Invasion Galliens und Räumung Britanniens
410	Einnahme Roms durch die Westgoten
476	Absetzung des letzten weströmischen Kaisers

PERSONENREGISTER

Aeneas 8
Amulius Silvius 9, 10
Ancus Marcius 12
Antigonos III. 29
Ariovist 47
Ascanius 8
Attalos III. von Pergamon 40
Augustus 40, 52, 53, 54, 55, 66, 68, 69, 70, 71,
    77, 79, 97, 121
Claudius 88
Claudius Ptoloemaeus 90
Demetrios von Pharos 29, 30
Dionysios von Halikarnassos 8
Flavius Aëtius 5
Flavius Theodosius 62
Flavius Valerius Constantinus 60, 61 80
Gaius Caesar Caligula 55
Gaius Cassius 50, 51
Gaius Iulius Caesar 46, 48, 50, 70
Gaius Marius 12, 42, 76
Gaius Octavius 50, 51, 52, 76, 121
Gaius Sempronius Gracchus 74
Galeneos von Pergamon 90
Gnaeus Pompeius 46, 47, 48, 49, 50
Hamilkar Barkas 30
Hannibal Barkas 4, 30, 31, 32, 33, 34
Hasdrubal Barkas 30, 32, 33
Horaz 97
Iugurtha 42
Justinian I. 63
Kleopatra 50, 52
Lucius Aelius Aurelius Commodus 56, 116
Lucius Cornelius Sulla 44, 45, 46, 121
Lucius Iunius Brutus 14, 50
Lucius Sextius Lateranus 26
Lucius Tarquinius Superbus 14, 64
Lucius Verus 56
Marc Aurel 56
Marcus Aemilius Lepidus 50, 51
Marcus Antonius 50, 51, 52, 121
Marcus Aurelius Antonius (Elagabal) 58
Marcus Aurelius Diocletianus 60, 61, 121

Marcus Aurelius Maxentius 80
Marcus Aurelius Severus Antonius (Caracalla)
    58
Marcus Aurelius Severus Alexander 58
Marcus Cocceius Nerva 56
Marcus Iunius Brutus 50, 51
Marcus Licinius Crassus 42, 46
Marcus Octavius 40
Marcus Opellius Macrinus 58
Marcus Tullius Cicero 72, 96, 97
Massinissa 36
Maximinus Thrax 60
Mithridates VI. Eupator von Pontos 44, 45, 56
Nero Claudius Caesar 55, 101
Nikolaus Kopernikus 90
Numitor Silvius 9, 10
Ovid 97
Philipp V. 29, 34, 120
Plinius der Ältere 90
Ptolemaios XIII. 50
Publius Cornelius Scipio 32, 33, 34
Publius Septimius Geta 58
Pyrrhos I. 22, 24, 120
Quinctilius Varus 53, 54
Quintus Sertorius 46
Rhea Silvia 8, 9
Romulus Augustulus 62
Seneca der Jüngere 97
Septimius Severus 56, 58, 80
Spartakus 40, 41, 42, 46
Tiberius Claudius Nero 54, 55
Tiberius Sempronius Gracchus 38, 40, 54
Tiberius Sempronius Longus 32
Tigranes II. von Armenien 44
Titus Flavius Domitianus 56
Titus Flavius Vespasianus 55, 56
Titus Livius 6
Trajan 72, 94
Tullus Hostilius 12
Vercingetorix 48
Vergil 97

SACHREGISTER

ORTSREGISTER

LITERATUR

Alföldy, Géza: Römische Sozialgeschichte. Stuttgart 2011.

Andreae, Bernard: Römische Kunst von Augustus bis Constantin. Darmstadt 2012.

Beck, Hans: Die Macht der Wenigen: aristokratische Herrschaftspraxis, Kommunikation und „edler" Lebensstil in Antike und Früher Neuzeit. München 2008.

Beck, Hans: Karriere und Hierarchie: die römische Aristokratie und die Anfänge des cursus honorum in der mittleren Republik. Berlin 2005.

Bellen, Heinz: Grundzüge der römischen Geschichte. Band 1 und 2. Darmstadt 1995/1998.

Bleicken, Jochen: Die Römische Republik. München 2012.

Bringmann, Klaus: Kleine Kulturgeschichte der Antike. München 2011.

Bringmann, Klaus: Geschichte der römischen Republik. Von den Anfängen bis zu Augustus. München 2002.

Bringmann, Klaus: Römische Geschichte. Von den Anfängen bis zur Spätantike. München 2001.

Burmeister, Enno: Antike griechische und römische Theater. Darmstadt 2006.

Cancik, Hubert: Römische Religion im Kontext: kulturelle Bedingungen religiöser Diskurse. Tübingen 2008.

Christ, Karl: Die römische Kaiserzeit: von Augustus bis Diokletian. München 2006.

Christ, Karl: Die Römer. Eine Einführung in ihre Geschichte und Zivilisation. München 1979.

Demandt, Alexander: Die Spätantike: römische Geschichte von Diocletian bis Justinian 284–565 n. Chr. München 2007.

Dreyer, Boris: Die Innenpolitik der Römischen Republik 264–133 v. Chr. Darmstadt 2006.

Eck, Werner: Augustus und seine Zeit. München 2009.

Fischer, Thomas (Hrsg.): Die Krise des 3. Jahrhunderts n. Chr. und das Gallische Sonderreich. Wiesbaden 2012.

Flach, Dieter: Römische Geschichtsschreibung. Darmstadt 2013.

Giardina, Andrea (Hrsg.): Der Mensch in der römischen Antike. Frankfurt am Main 2004.

Gilliver, Kate: Auf dem Weg zum Imperium: Eine Geschichte der römischen Armee. Stuttgart 2013.

Gschlößl, Roland: Im Schmelztiegel der Religionen: Göttertausch bei Kelten, Römern und Germanen. Mainz 2006.

Haehling, Raban von (Hrsg.): Römisches Aachen: archäologisch-historische Aspekte zu Aachen und der Euregio. Regensburg 2013.

Hartz, Cornelius: Römische Schriftsteller. Mainz 2010.

Heftner, Herbert: Von den Gracchen bis Sulla: die römische Republik am Scheideweg 133–78 v. Chr. Regensburg 2006.

Hillen, Hans Jürgen: Von Aeneas zu Romulus. Die Legenden von der Gründung Roms. Düsseldorf/Zürich 2003.

Hoffmann-Salz, Julia: Die wirtschaftlichen Auswirkungen der römischen Eroberung: vergleichende Untersuchungen der Provinzen Hispania Tarraconensis, Africa Proconsularis und Syria. Stuttgart 2011.

Huttner, Ulrich: Römische Antike. Tübingen 2008.

Jehne, Martin: Die römische Republik: von der Gründung bis Caesar. München 2006.

Klee, Margot: Germania Superior: eine römische Provinz in Frankreich, Deutschland und der Schweiz. Regensburg 2013.

Klee, Margot: Lebensadern des Imperiums: Straßen im Römischen Reich. Stuttgart 2010.

König, Ingemar: Der römische Staat. Ein Handbuch. Stuttgart 2009.

König, Ingemar: Kleine Römische Geschichte. Stuttgart 2001.

Koepfer, Christian (Hrsg.): Die römische Armee im Experiment. Berlin 2011.

Konrad, Michaela (Hrsg.): Römische Legionslager in den Rhein- und Donauprovinzen – Nuclei spätantik-frühmittelalterlichen Lebens? München 2011.

Krasser, Helmut (Hrsg.): Triplici invectus triumpho: der römische Triumph in augusteischer Zeit. Stuttgart 2008.

Le Bohec, Yann: Das römische Heer in der späten Kaiserzeit. Stuttgart 2010.

Löffl, Josef: Die römische Expansion. Berlin 2011.

Markschies, Christoph: Das antike Christentum. Frömmigkeit, Lebensformen, Institutionen. München 2006.

Meyer-Zwiffelhoffer, Eckhard: Imperium Romanum. Geschichte der römischen Provinzen. München 2009.

Nabbefeld, Ansgar: Römische Schilde: Studien zu Funden und bildlichen Überlieferungen vom Ende der Republik bis in die späte Kaiserzeit. Rahden/Westfalen 2008.

Penrose, Jane: Rom und seine Feinde: Kriege, Taktik, Waffen. Darmstadt 2007.

Pfeiffer, Stefan: Der römische Kaiser und das Land am Nil: Kaiserverehrung und Kaiserkult in Alexandria und Ägypten von Augustus bis Caracalla (30 v. Chr.– 217 n. Chr.). Stuttgart 2010.

Riemer, Ulrike: Die römische Germanienpolitik: von Caesar bis Commodus. Darmstadt 2006.

Rüpke, Jörg: Antike Religionsgeschichte in räumlicher Perspektive. Tübingen 2007.

Rüpke, Jörg: Die Religion der Römer. München 2001.

Schollmeyer, Patrick: Römische Tempel: Kult und Architektur im Imperium Romanum. Darmstadt 2008.

Stein-Hölkeskamp, Elke; Hölkeskamp, Karl-Joachim (Hrsg.): Erinnerungsorte der Antike. München 2006.

Veyne, Paul: Die griechisch-römische Religion. Stuttgart 2008.

Witulski, Thomas: Kaiserkult in Kleinasien: die Entwicklung der kultisch-religiösen Kaiserverehrung in der römischen Provinz Asia von Augustus bis Antonius Pius. Göttingen 2007.

Zanker, Paul: Die römische Kunst. München 2007.

BILDNACHWEIS

Alle Bilder aus dem Archiv des Regionalia Verlages

Bender, Hermann: Rom und römisches Leben im Alterthum. Tübingen 1879.

Berneck, K. G.: Die Welt in Waffen. I. Kriegswesen und Kriegsführung in Altertum, Mittelalter und in der neueren Zeit (bis 1789). Leipzig 1887.

Falke, Jakob von: Hellas und Rom. Stuttgart 1890.

Gleichen-Russwurm, Alexander; Wencker, Friedrich: Kultur- und Sittengeschichte aller Zeiten und Völker. Band 5: Der Entwicklungsgang der römischen Kultur. Band 6: Römische Kultur und Zivilisation. Hamburg 1929.

Reber, Franz: Geschichte der Baukunst. Leipzig 1866.

Springer, Anton: Handbuch der Kunstgeschichte. I. Das Altertum. Leipzig 1895.

Vogt, J. G.: Illustrierte Weltgeschichte für das Volk, mit besonderer Berücksichtigung der Kulturentwicklung. Band II: Altertum und Mittelalter. Leipzig 1893.

KARTEN

Die Karten auf den Bildtafeln aus dem Archiv des Regionalia Verlages

Rothert, Eduard: Karten und Skizzen aus der Geschichte des Altertums. I. Band des Gesamtwerkes. II. Band des „Historischen Kartenwerkes". Düsseldorf 1907.

AUTOR

Der in Köln lebende Autor Thomas Schiffer, Jahrgang 1972, studierte Geschichte und Philosophie in Köln, Hagen und Bochum. Nach seinem Studium war er für verschiedene Museen tätig und arbeitete nebenberuflich als Stadtführer in Köln und der näheren Umgebung. Dabei brachte er Gästen und Einheimischen die Geschichte der Stadt Köln sowie des Bergischen Landes und der Eifel nahe. Seit einigen Jahren

arbeitet er als freier Ausstellungsmacher und Museumspädagoge zu verschiedenen kulturhistorischen Themen. Die Geschichte des Rheinlandes und der Eifel gehören dabei zu seinen Arbeitsschwerpunkten.

Nach *Auf Römerwegen durch die Eifel* (2012) und *Das römische Germanien* (2013) ist die *Kleine Römerkunde* nun das dritte Werk des Autors, das im Regionalia Verlag erscheint.

Aufstellung der römischen Legionen bei Zama während des Zweiten Punischen Krieges ↓

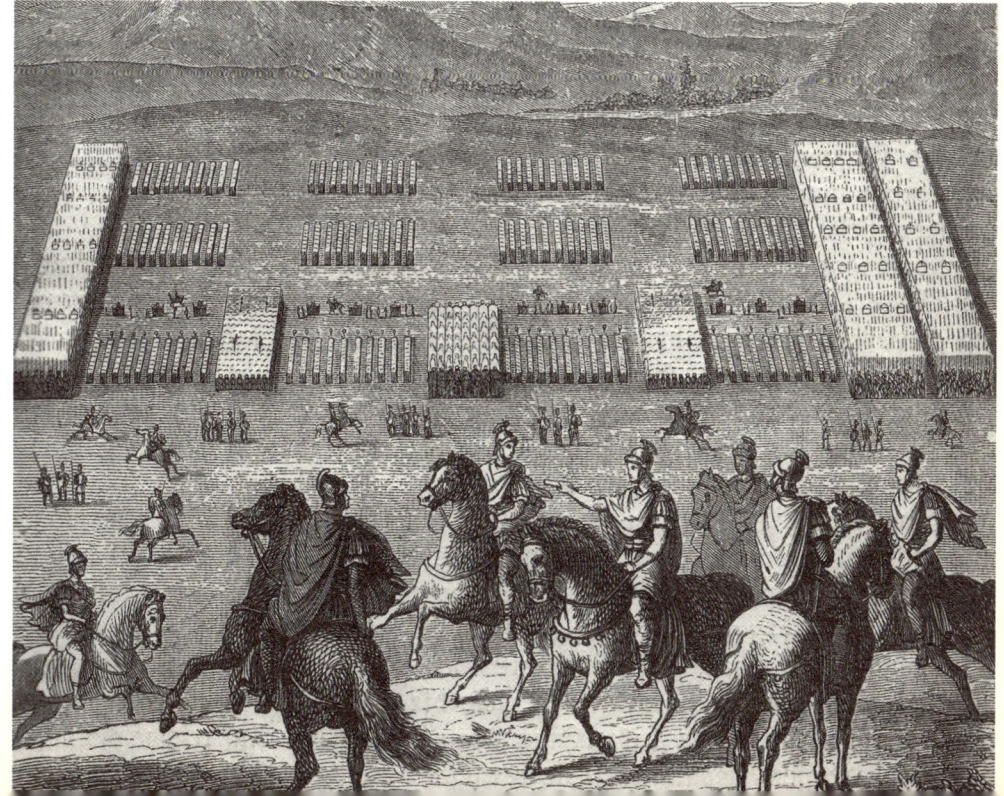

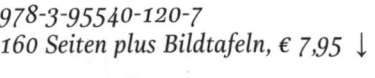

978-3-95540-120-7
160 Seiten plus Bildtafeln, € 7,95 ↓

↑ 978-3-939722-52-6
128 Seiten, € 4,95

978-3-939722-77-9
224 Seiten plus Bildtafeln, € 9,95 ↓

↑ 978-3-939722-32-8
128 Seiten, € 4,95